FRENCH

COMPREHENSIVE PRACTICE AND TESTING

SECOND EDITION

Speaking
Listening Comprehension
Reading Comprehension
Writing

GAIL STEIN

Martin Van Buren High School
New York City

AMSCO SCHOOL PUBLICATIONS, INC.
315 Hudson Street / New York, N.Y. 10013

CASSETTES

The Cassette program comprises 4 two-sided cassettes. The voices are those of native speakers of French.

The following materials are included on the cassettes:

- The 8 sample sequences for the Oral Communication Tasks in the *Teacher's Manual and Key*.

- The 80 listening-comprehension passages in the *Teacher's Manual and Key*. Each passage is spoken twice and is followed by a pause for student response.

The Cassettes (Ordering Code N 561 C) are available separately from the publisher.

With love ...
to Doug, Eric, and Michael

When ordering this book, please specify: either **R 561 P** or FRENCH COMPREHENSIVE PRACTICE AND TESTING, SECOND EDITION

ISBN 0-87720-034-3

Copyright © 1992 by Amsco School Publications, Inc.

No part of this book may be reproduced in any form without written permission from the publisher.

PRINTED IN THE UNITED STATES OF AMERICA

PREFACE

FRENCH COMPREHENSIVE PRACTICE AND TESTING, SECOND EDITION is designed for students who are completing or have completed the equivalent of three units of high-school French. The book aims to help students develop and demonstrate their knowledge and mastery of French through a variety of speaking, listening, reading, and writing exercises.

For teachers, this book contains supplementary materials that can be used in the development and evaluation of the four skills. The variety of materials for each skill affords the teacher a wide selection for practice and testing. Passages may be individualized in keeping with the proficiency levels of the students and in developing each student's speaking, listening, reading, and writing skill by assigning different passages to different students.

The passages in this text are grouped by skill (speaking, listening, reading, writing). The scope of the vocabulary and structures is broad enough to help students increase their active and passive vocabularies in French as well as improve their level of listening and reading comprehension and their ability to express their ideas in writing. The oral communication tasks for speaking are eminently suitable for audiolingual practice and testing as well as cooperative learning activities. Throughout the book, the themes and vocabulary deal with contemporary life in French-speaking countries and with current issues.

Some practice materials may appear to be more difficult than those encountered in a formal comprehensive test. This somewhat higher gradation is designed to intensify the preparation by students and familiarize them with the variety of test items that are currently used. The basic purpose of this book is to challenge students in order to bring them to their highest level of excellence in preparation and performance.

A Teacher's Manual and Key, available separately, includes the oral-communication tasks, listening-comprehension passages, sample responses, and a complete answer key.

G.S.

CONTENTS

PART 1   Speaking: Oral Communication Tasks   1

PART 2   Listening Comprehension   3
     2a. Multiple Choice (English)   3
     2b. Multiple Choice (French)   12

PART 3   Reading Comprehension   17
     3a. Long Connected Passages   17
     3b. Short Readings   31
     3c. Slot Completion   43

PART 4   Writing   55
     4a. Informal Notes   55
     4b. Narratives and Letters   59

VOCABULARY   81

PART 1

Speaking: Oral Communication Tasks

Your teacher will administer a series of communication tasks. Each task prescribes a simulated conversation in which you play yourself and the teacher assumes the role indicated in the task.

Each task requires six utterances on your part. An utterance is any spoken statement that is comprehensible and appropriate and leads to accomplishing the stated task. Assume that in each situation you are speaking with a person who speaks French.

PART 2
Listening Comprehension

2a MULTIPLE CHOICE (ENGLISH)

Part 2a consists of a series of questions. For each question, you will hear some background information in English. Then you will hear a passage in French *twice*, followed by a question in English. Listen carefully. After you have heard the question, read the question and the four suggested answers in your book. Choose the best suggested answer and write its number in the space provided.

1. What does the person sitting next to you say?

   1. Your hard work paid off.
   2. Study harder the next time.
   3. Take a make-up exam.
   4. You would have done better if you had had a chance to finish.

2. What should you do next?

   1. Call your parents into the room.
   2. Bring your friend a drink.
   3. Change the channel.
   4. Stop talking.

3. What does the clerk tell you?

   1. The store doesn't send packages.
   2. It will cost a lot to ship your package by plane.
   3. The store ships packages only by boat.
   4. The souvenir you picked is perfect.

PART 2: LISTENING COMPREHENSION

4 Why is this person important?

1. He's a famous actor.
2. He's a renowned chef.
3. He's a wonderful citizen.
4. He's a remarkable politician.

5 What is this employee doing?

1. Showing you how to assemble a special machine.
2. Discussing an electrical problem with you.
3. Trying to sell you a flashlight.
4. Asking you about your business.

6 What is this person trying to get you to do?

1. Buy a series of books.
2. Purchase lottery tickets.
3. Subscribe to a magazine.
4. Donate money to a charity.

7 What does your sister plan to do?

1. Throw a big party.
2. Give your parents a weekend in the city.
3. Go abroad.
4. Rent a boat.

8 What does your friend want to do?

1. Turn off the television and play a game.
2. Watch a game show.
3. Buy a new television.
4. Enter a contest.

9 How should you answer this person?

1. I'll put out my cigarette immediately.
2. No, this seat isn't taken.
3. Thank you for reminding me.
4. The plane is supposed to take off in ten minutes.

10 What gift does your friend recommend?

 1. Clothing.
 2. A pet.
 3. Money.
 4. Jewelry.

11 What is the salesman offering you?

 1. An unusual bicycle.
 2. A free gift with your purchase.
 3. The best price in town.
 4. Free accident insurance.

12 Why will your mother serve chicken?

 1. That's all there was in the supermarket.
 2. She has a special recipe for it.
 3. Her guests have special diets.
 4. The Duponts don't eat anything else.

13 What should you do next?

 1. Go on a different line.
 2. Open your suitcases.
 3. Hand over your plant.
 4. Show the souvenirs you purchased.

14 Why can't your call go through?

 1. You called at a bad time.
 2. The number you are calling is busy.
 3. You don't have enough money.
 4. Most of the phone workers are on strike.

15 What would you say to the waiter?

 1. No, thank you. I don't want any dessert.
 2. We don't usually have wine with our dinner.
 3. Those appetizers sound delicious.
 4. I am not allowed to eat red meat.

PART 2: LISTENING COMPREHENSION

16 What is this person saying?

1. The stopover shouldn't take long.
2. This is a nonstop flight.
3. It's a shame we have such a long delay.
4. You will arrive at your destination by 6 o'clock.

17 What must you do now?

1. Change the gas you use.
2. Get a new accelerator.
3. Look for another car.
4. Pay the mechanic a lot of money.

18 What is the child asking you to do?

1. Help him look for his dog.
2. Help him find his way home.
3. Find his wallet.
4. Look for his sister in the store.

19 What should you do now?

1. Lend your friend your math book.
2. Give your friend your homework to copy.
3. Help your friend with the work.
4. Ask your friend to tutor you.

20 What is your teacher asking the class to do?

1. Fill out a survey.
2. Take a special course next term.
3. Write a report on family relationships.
4. Prepare an oral report.

21 What would you say to your friend?

1. You'd better not open it. It could be dangerous.
2. I think you should buy it.
3. That new store certainly looks interesting.
4. Perhaps we will get a reward.

2a. MULTIPLE CHOICE (ENGLISH) / 7

22 How would you answer your brother?

1. O.K. But remember to give it back to me.
2. Sure. Here's $5.
3. I'm sorry. I'm busy tonight and can't drive you.
4. I don't think the store is open now.

23 What is the jeweler telling your cousin about the stones?

1. They are usually perfect.
2. They are cheap.
3. They are very popular.
4. They are fragile.

24 What can the passerby do for you?

1. Suggest a site of interest.
2. Tell you the time.
3. Change some money for you.
4. Give you directions.

25 What is this play about?

1. A handicapped girl who tries to succeed.
2. A girl who leads an adventurous life.
3. A sentimental young woman who has a wonderful life.
4. A woman with a negative attitude toward life.

26 What is the problem?

1. The shirt can't be repaired.
2. The store is closed tomorrow.
3. The owner doesn't know if he can get the stain out.
4. The shirt should be washed in a washing machine.

27 What does this person reveal about himself?

1. He's 25 years old.
2. He's a columnist.
3. He has a lot of friends.
4. He likes to read a lot.

PART 2: LISTENING COMPREHENSION

28 Why is this hairstyle popular?

1. It lets hairdressers be creative.
2. It is easy to maintain.
3. It doesn't require washing every day.
4. It is preferred by today's youth.

29 What will you say to the salesperson?

1. Thirty-eight dollars is a good price for shoes.
2. I'm sorry. I think these socks are the wrong size.
3. Green is my favorite color.
4. Where can I pay for them?

30 What do you say to your parents?

1. I should take an umbrella with me, just in case.
2. Where is my bathing suit?
3. It's going to be very windy.
4. I love the snow.

31 What would you say to your friend?

1. I can't go to the market.
2. Don't throw out your old tape recorder.
3. I'm also looking for a videocassette recorder.
4. It's too bad you have to share your room.

32 What is the woman's problem?

1. She left behind a package.
2. She took the wrong shoes.
3. Her car was stolen.
4. She can't find her keys.

33 What is this ad for?

1. School supplies.
2. A fast-food restaurant.
3. A new dessert.
4. A liquid breakfast.

2a. MULTIPLE CHOICE (ENGLISH)

34 What question might you ask?

1. Does this medicine have a good flavor?
2. How many days can I stay home from school?
3. Could I get contact lenses instead?
4. Do I have to go to the hospital?

35 What kind of job is being offered?

1. Stock boy.
2. Salesman.
3. Manager.
4. Mail clerk.

36 What is your friend's excuse?

1. Fire trucks blocked the road.
2. There was an automobile accident.
3. The roads were slippery.
4. There was a power failure.

37 What is the lifeguard telling you?

1. The sun is very strong.
2. Swim with a partner.
3. The tide is dangerous.
4. The water is polluted.

38 What is your friend suggesting?

1. Hand in your own work.
2. Spend more time on your composition.
3. Get your brother to help you.
4. Explain to the teacher why your assignment will be late.

39 Why doesn't your friend like what you have chosen?

1. It's not a typical French souvenir.
2. It's too expensive.
3. It's too heavy to carry.
4. It's made of material from an endangered species.

PART 2: LISTENING COMPREHENSION

40 Why would you want to go to this restaurant?

1. The owner's wife is an excellent cook.
2. The specialty is regional dishes.
3. It caters to vegetarians only.
4. The owner takes special pride in preparing the meals.

41 What does your friend think of your idea?

1. She can hardly wait to go.
2. She doesn't want to go because she is bothered by insects.
3. She can't go because she has a doctor's appointment.
4. She'd prefer to go next week because she's not feeling well.

42 What is the teacher discussing with you?

1. A research project you will have to do.
2. A special test you will have to take.
3. Her plans to take a leave of absence.
4. What she plans to teach next semester.

43 What is the concierge telling you?

1. There are no more rooms available.
2. Your room isn't ready yet.
3. Weather conditions necessitate a change of room.
4. You can go to another, less luxurious hotel.

44 What is the salesman guaranteeing?

1. You can have delivery of a new car immediately.
2. You will receive a 5,000-franc rebate when you purchase a new car.
3. Your new car will perform well, or you will get your money back.
4. You can receive at least 5,000 francs on a trade-in of your old car.

45 What happened to the main character in this book?

1. He committed suicide.
2. He killed someone accidentally.
3. He was accused of a crime he didn't commit.
4. He saved a person's life.

2a. MULTIPLE CHOICE (ENGLISH)

46 What is the employee suggesting?

1. Take a lot of photographs.
2. Remove all film from your baggage at once.
3. Most films can safely pass through the control.
4. All bags must be opened for inspection.

47 What does your friend plan to do?

1. Take a history course in school.
2. Tutor students who failed.
3. Go on an archaeological dig.
4. Try to earn as much money as he can.

48 What should you say to your friend?

1. I'm sorry. You can't copy my homework.
2. I don't want to be late for school.
3. It's not right to cheat on a test.
4. My parents would be angry if I cut classes.

49 Why should you visit the museums with this tour?

1. Their prices are reasonable.
2. You won't have to wait on line with all the other tourists.
3. They show their appreciation by giving you a gift.
4. Guided tours are provided in all languages.

50 What is the personnel director telling you about the job?

1. Good math skills are needed.
2. There are frequent promotions.
3. The boss is nice.
4. You will get a 15% raise if you perform well.

2b MULTIPLE CHOICE (FRENCH)

Part 2b also consists of a series of questions. For each question, you will hear some background information in English. Then you will hear a passage in French *twice*, followed by a question in French. Listen carefully. After you have heard the question, read the question and the four suggested answers in your book. Choose the best suggested answer and write its number in the space provided.

1 Pourquoi est-il interdit d'utiliser un baladeur?

   1. Ils sont dangereux pour les oreilles.
   2. Trop de gens les écoutent.
   3. On a tendance à ne pas faire attention à ce qu'on fait.
   4. Les cassettes coûtent trop cher.

2 Qu'est-ce qu'elle vous apprend?

   1. À mettre le couvert.
   2. À manger correctement.
   3. À couper la viande.
   4. À éviter les visites chez le dentiste.

3 Qu'est-ce que la bibliothécaire vous explique?

   1. Comment devenir bibliothécaire.
   2. Où se trouve un certain livre.
   3. Les heures d'ouverture de la bibliothèque.
   4. Ce qu'il faut faire pour obtenir une carte de bibliothèque.

4 Pourquoi le vendeur recommande-t-il ce cadeau?

   1. On peut le mettre dans sa poche.
   2. Il est bon marché.
   3. Tout le monde va l'acheter.
   4. L'écran est très grand.

5 Pourquoi a-t-on éliminé deux classes dans le métro?

   1. Elles n'étaient plus économiques.
   2. La deuxième classe convenait à la majorité des passagers.
   3. Elles étaient trop chères pour la plupart des gens.
   4. Elles étaient trop confortables.

6 Comment cet appareil aide-t-il les personnes au régime?

    1. Les plats se préparent plus rapidement.
    2. Les plats ne sont jamais trop chauds.
    3. L'appareil évite d'employer de l'huile.
    4. Les aliments se servent en soupe.

7 Qu'est-ce qu'une auberge de jeunesse?

    1. C'est un hôtel pour les étudiants riches.
    2. C'est une université française.
    3. C'est un camp pour les jeunes.
    4. C'est un logement qui ne coûte pas cher.

8 Que dit-elle de ce magasin?

    1. Tout est très bon marché.   3. Il n'y a pas de choix.
    2. Il est très populaire.   4. Les prix sont excessifs.

9 Pourquoi est-ce que votre ami vous téléphone?

    1. Il a envie de vous aider maintenant.
    2. Il a oublié un document dans votre auto.
    3. Il veut vous parler d'un travail qu'il a obtenu.
    4. Il désire faire la connaissance de votre patron.

10 Que répondez-vous?

    1. Non, merci. Je n'aime pas jouer au football.
    2. Merci beaucoup. J'aime bien ce restaurant.
    3. Il n'y a pas de quoi.
    4. Je suis impatient de la connaître.

11 Qu'est-ce que vous devez répondre à votre ami?

    1. Quel dommage!   3. Tant pis!
    2. Bon voyage!   4. Félicitations!

12 Quelle est votre réaction à cette nouvelle?

    1. Tu me manqueras!   3. Dis-lui de m'acheter des vêtements.
    2. Bon voyage!   4. Je te remercie.

PART 2: LISTENING COMPREHENSION

13 Qu'est-ce que vous savez de ce film?

    1. Il est drôle.
    2. Il est sentimental.
    3. Il est effrayant.
    4. C'est l'histoire d'une personne célèbre.

14 Pourquoi doit-on faire attention en visitant le Mont-Saint-Michel?

    1. L'île peut tomber dans l'eau à n'importe quel moment.
    2. Il est très difficile de marcher sur la plage.
    3. Les fortifications sont trop vieilles.
    4. La route qui y mène n'est pas toujours utilisable.

15 Qu'allez-vous dire à votre ami?

    1. Cet autobus n'arrive jamais en retard.
    2. Je suppose qu'il faut attendre.
    3. Je préfère l'autobus au métro.
    4. Comment pouvons-nous aller en ville?

16 Qu'est-ce que «Bon Vivant»?

    1. De la nourriture pour animaux.
    2. Un parfum.
    3. Un shampooing.
    4. Un traitement contre l'acné.

17 Pourquoi considère-t-on les vins français comme les meilleurs du monde?

    1. On en produit une quantité énorme.
    2. Les vignes sont cultivées avec énormément de soin.
    3. En France, on boit du vin tous les jours.
    4. Les prix des vins sont bas.

18 Comment va-t-on maintenir le prix du pétrole?

    1. On va vendre le pétrole seulement aux pays occidentaux.
    2. Les barils vont être plus petits.
    3. On va discuter de ce problème.
    4. On va produire plus de pétrole.

2b. MULTIPLE CHOICE (FRENCH) / 15

19 Que fait cette machine?

    1. Elle emballe les paquets.
    2. Elle fait des photocopies.
    3. Elle sert de caisse au supermarché.
    4. Elle donne de l'argent pour les boîtes rendues.

20 Qu'est-ce que cette personne vous propose?

    1. Des jardins tropicaux luxuriants chez vous.
    2. De pratiquer votre sport favori avec un spécialiste.
    3. De passer des vacances de luxe à un prix modéré.
    4. Une surprise magnifique pour les invités qui passeront huit jours à l'hôtel.

21 Qu'est-ce que ce plan de Paris indique?

    1. Pourquoi il faut visiter les monuments intéressants.
    2. Où trouver une chambre d'hôtel.
    3. Où il faut aller pour réserver une table dans un restaurant.
    4. Comment visiter la ville en une semaine.

22 Qu'est-ce qui intéressait surtout Camille Pissarro?

    1. La nature.
    2. Les courants politiques.
    3. Les monuments.
    4. Les tableaux de ses amis.

23 Qu'est-ce que les élèves ont essayé de faire?

    1. Un voyage interplanétaire.
    2. Étudier les effets de l'humidité sur les fourmis.
    3. Préparer une capsule spéciale pour les astronautes.
    4. Envoyer des insectes dans l'espace.

24 À quoi doit-on la vitesse à laquelle les paquets sont expédiés maintenant?

    1. À la compétence des messagers.
    2. À la différence d'heures entre Paris et New York.
    3. À l'utilisation de moyens de transport plus rapides.
    4. À la garantie offerte par les compagnies à leurs clients.

16 / PART 2: LISTENING COMPREHENSION

25 Qu'est-ce que le professeur vous suggère?

   1. D'acheter l'équipement nécessaire à son cours.
   2. De prendre soin de votre livre.
   3. D'apporter votre livre en classe tous les jours.
   4. De téléphoner à un ami si vous êtes absent.

26 Qu'est-ce qu'il vous explique?

   1. C'est le dernier train de la journée.
   2. Il y a du retard à cause d'un accident.
   3. Le train ne circule pas et il faut changer de ligne.
   4. On va faire des réparations et les horaires des trains vont changer.

27 Qu'est-ce que votre ami vous suggère?

   1. D'aller tout de suite à la banque.
   2. De vous servir de votre carte de crédit.
   3. De recevoir le maximum contre vos dollars américains.
   4. De tout payer en chèques de voyage.

28 Pourquoi cette démonstration a-t-elle eu lieu?

   1. Les professeurs désiraient faire remarquer aux autorités des problèmes de l'université.
   2. Les étudiants avaient peur d'être en danger.
   3. L'administration avait l'intention de fermer l'université pendant deux jours.
   4. Les professeurs réclamaient une augmentation de salaire.

29 Qu'est-ce qu'on prépare avec cette recette?

   1. Un dessert délicieux.
   2. Une pâte nutritive avec laquelle on peut s'amuser.
   3. Un déjeuner nourrissant.
   4. Une boisson qui contient beaucoup de vitamines.

30 Qu'est-ce qui s'est passé à ce concert?

   1. On a interrompu le concert pour pouvoir voir un match.
   2. Le chef d'orchestre est sorti pour jouer au football.
   3. Un match de football a été joué au rythme de la musique.
   4. Le concert a eu lieu sur un terrain de football.

PART 3

Reading Comprehension

3a LONG CONNECTED PASSAGES (MULTIPLE CHOICE, FRENCH)

Part 3a consists of a series of passages. After each passage, there are five questions or incomplete statements in French. For each, choose the expression that best answers the question or completes the statement *according to the meaning of the passage* and write its *number* in the space provided.

1 le 6 octobre

Cher Douglas,

    Je t'écris du haut de la tour Eiffel à Paris. Comme c'est beau! Tu te rappelles quand je l'ai visitée en 1988? Cette grande tour majestueuse, d'habitude si jolie, portait alors une couche, comme un bébé! Un guide m'avait expliqué que c'était parce qu'on allait fêter son centenaire en 1989. On préparait les feux d'artifice, les défilés et toutes sortes de spectacles pour les visiteurs qui allaient venir de tous les pays du monde.

    La ville de Paris était en train de réparer les trois étages de la tour. L'accès au troisième étage, mon préféré, était interdit au public. Les deux autres étages étaient ouverts, mais il y avait des travaux partout. C'est pourquoi il y avait cette couche, pour empêcher que les outils ne tombent sur les piétons en dessous.

    Aujourd'hui, j'ai pris l'ascenseur jusqu'au troisième étage, d'où on a une vue magnifique sur Paris et la Seine. La tour se trouve sur la rive gauche, mais on peut voir quand même de nombreux monuments situés sur la rive droite comme l'arc de triomphe de l'Étoile, le Sacré-Cœur, le palais de Chaillot et la place de la Concorde. À propos, sais-tu que l'on utilise la tour pour transmettre les émissions de radio et de télévision? Il y a une grande antenne à son sommet

PART 3: READING COMPREHENSION

pour cela. Je suis sûr que je vais passer une journée splendide. J'espère que tu pourras bientôt me rendre visite en France. À bientôt,

> ton ami Grégoire

1. Pourquoi la tour Eiffel est-elle importante?

    1. C'est la plus haute tour du monde.
    2. On l'utilise pour transmettre des signaux de télécommunication.
    3. On y a la meilleure vue de Paris.
    4. C'est l'attraction touristique la plus populaire à Paris.

2. En quoi la tour Eiffel était-elle différente en 1988?

    1. Elle commençait à tomber.
    2. Elle était fermée aux touristes.
    3. Il y avait une sorte de couverture en dessous.
    4. Il n'y avait plus de visites guidées.

3. Qu'est-ce qui s'est passé en 1989?

    1. On a fêté l'anniversaire de la tour.
    2. Les ambassadeurs des pays étrangers ont visité la tour.
    3. On a commencé à présenter des pièces à la tour.
    4. La France a célébré son centième anniversaire.

4. Les ouvriers ne voulaient pas...

    1. travailler au deuxième étage.
    2. mettre en danger les touristes qui passaient.
    3. se coucher avant de finir leur travail.
    4. mettre une couverture sur la tour.

5. En 1988, pourquoi Grégoire n'est-il pas monté au troisième étage?

    1. Il avait peur d'en tomber.
    2. Le troisième étage était fermé pour cause de réparations.
    3. C'était trop dangereux.
    4. Il n'y avait pas d'ascenseurs en état de marche.

2 Après plusieurs années Marie est revenue au village où elle est née. Pendant les longues années où elle était absente de ce village si tranquille et pittoresque, elle se rappelait fréquemment les moments heureux qu'elle avait passés chez elle avec ses amis de jeunesse et elle les regrettait. Et maintenant elle se rendait compte que les années s'étaient écoulées rapidement—comme un éclair.

Elle pensait souvent aux changements des saisons dans son village. Chaque changement apportait sa propre tradition. Elle se rappelait, en particulier, son premier petit ami, Richard, ce jeune homme si beau avec ses cheveux foncés et ses yeux clairs comme le ciel. Quel bonheur elle ressentait quand elle sortait avec lui! Elle pouvait encore voir les regards jaloux et envieux dans les yeux des autres jeunes filles. Qu'était-il devenu?

Son retour chez elle n'avait pas répondu à son attente. Elle voulait revenir pour revivre ses journées de jeunesse et pour admirer les lieux avec les mêmes yeux avec lesquels elle les avait regardés il y a plusieurs années. Mais maintenant, en visitant ces lieux et en regardant ces sites qu'elle croyait connaître à fond, elle se sentait étrangère, elle avait la sensation d'être dans un lieu complètement inconnu et lointain, non seulement à cause des années passées, mais aussi à cause des changements physiques. Comme le temps est cruel! pensait-elle.

1   Marie est revenue à son village natal...

   1. pour voir sa famille et ses amis.   3. après un tourment terrible.
   2. parce qu'elle y serait très contente. 4. après une longue période.

2   De quoi s'est-elle rendu compte?

   1. De la tranquillité du village.   3. Du passage rapide du temps.
   2. De l'absence de ses amis.   4. Du bonheur qui règne au village.

3   Quand Marie se promenait avec Richard, elle se sentait...

   1. fière.   3. envieuse.
   2. jalouse.   4. triste.

4   Pourquoi Marie a-t-elle fait ce voyage?

   1. Pour assister aux fêtes traditionnelles.
   2. Pour retrouver ses jeux de jeunesse.
   3. Pour essayer de revivre le passé.
   4. Pour rencontrer son petit ami Richard.

5   Qu'est-ce qui est arrivé à Marie dans le village?

   1. Elle n'a rien reconnu du passé.
   2. Les gens l'ont traitée cruellement.
   3. Elle a perdu la sensation étrange qu'elle ressentait.
   4. Elle a connu plus à fond ses lieux favoris.

3 Moi, je souffre d'une maladie amusante: la chocolomanie. Comme presque tout le monde, j'adore le chocolat sous toutes ses formes et je pourrais en manger à toute heure de la journée ou du soir. Plus je mange d'aliments sucrés, plus j'en veux. Une confiserie en appelle une autre. Heureusement, malgré ma gourmandise et la mauvaise réputation du chocolat, je reste mince et en bonne santé.

Les expériences médicales ont prouvé que le chocolat n'est pas mauvais pour la santé et ne cause pas de maladies digestives. Au contraire, le chocolat est un aliment nourrissant qui contient plusieurs éléments nutritifs, notamment des minéraux et des vitamines. Il donne de l'énergie et facilite l'effort intellectuel puisqu'il agit comme un stimulant.

Quand vous voulez satisfaire votre gourmandise, achetez seulement des chocolats de qualité venant des grands chocolatiers. Méfiez-vous des emballages trop luxueux et des prix trop bas. Vérifiez la date d'expiration et gardez les chocolats dans une pièce où la température est entre 12° et 18°C. Ne les mettez jamais dans le réfrigérateur où ils blanchissent et peuvent perdre un peu de leur saveur.

1 De quoi l'auteur souffre-t-il?

1. D'une envie de manger des sucreries.
2. D'une maladie contagieuse.
3. De maux d'estomac.
4. D'un désir de ne pas se nourrir.

2 Qu'est-ce qui arrive à l'auteur quand il mange une confiserie?

1. Il a des problèmes digestifs.
2. Il a mal au ventre.
3. Il veut en avoir une autre.
4. Il maigrit.

3 Comment est l'auteur?

1. Il est gros et malheureux.
2. Il est gourmand et affamé.
3. Il est bien reposé et intelligent.
4. Il est bien portant et heureux.

4 Qu'est-ce que les expériences médicales ont prouvé?

1. Le chocolat donne des boutons.
2. Le chocolat aide la digestion.
3. Le chocolat manque de vitamines.
4. Le chocolat ne mérite pas sa mauvaise réputation.

5 Que faut-il faire quand vous voulez acheter des chocolats?

    1. Il faut chercher une boîte luxueuse.
    2. Il faut acheter ceux qui ne coûtent pas cher.
    3. Il faut aller chez un chocolatier célèbre.
    4. Il faut trouver des chocolats qui étaient dans un réfrigérateur.

4 Les résultats des enquêtes faites chez plusieurs dentistes révèlent qu'on a tendance à négliger ses dents. Les statistiques montrent que beaucoup de personnes ne se lavent jamais les dents et n'ont pas de brosse à dents. Et ceux qui rendent régulièrement visite à leur dentiste une ou deux fois par an pour se faire nettoyer les dents sont rares. Malgré la douceur des nouvelles méthodes de traitement, l'appréhension de la visite chez ce spécialiste n'a pas encore disparu. Mais si on veut avoir de belles dents, on doit observer une hygiène dentaire quotidienne.

    Il faut essayer d'éviter la carie dentaire, l'ennemie principale des dents. Plus de 90% des gens souffrent de caries, qui sont causées par la plaque dentaire, substance nuisible provenant de la salive et de certaines parcelles de nourriture. Pour éviter la formation de la plaque, il faut se brosser régulièrement les dents avec soin deux à trois fois par jour après les repas.

    Il faut choisir une bonne brosse à dents qui permet d'atteindre toute la surface de la dent et il faut changer de brosse tous les trois mois. Il faut acheter aussi un bon dentifrice qui aidera à empêcher la formation de la plaque dentaire et à bien nettoyer l'émail.

    Il faut bien manger, éviter les aliments sucrés et opter pour ceux contenant des vitamines et des minéraux: fruits, légumes et viandes.

    Si on suit ces conseils, on peut être assuré d'avoir des dents saines et être fier d'avoir un très joli sourire.

1 Les études ont prouvé que...

    1. la plupart des gens vont chez le dentiste deux fois par an.
    2. beaucoup de personnes possèdent deux brosses à dents.
    3. l'attitude envers les dentistes a changé.
    4. beaucoup de personnes ne prennent pas soin de leurs dents.

2 La peur d'une visite chez le dentiste est injustifiée parce que...

    1. les dentistes disposent de nouvelles techniques.
    2. le dentiste est vraiment votre ami.
    3. les caries dentaires sont rares aujourd'hui.
    4. le dentiste ne veut pas vous faire mal.

PART 3: READING COMPREHENSION

3 Pourquoi est-il nécessaire de se brosser les dents tous les jours?

1. Pour éliminer le besoin d'aller souvent chez le dentiste.
2. Pour supprimer les caries.
3. Pour enlever la plaque dentaire.
4. Pour empêcher les dents de tomber.

4 Quelle est la cause principale des caries dentaires?

1. Une mauvaise substance n'est pas enlevée des dents.
2. On ne mange pas bien.
3. La salive contient du sucre.
4. On emploie un mauvais dentifrice.

5 À quoi sert un bon dentifrice?

1. À éliminer la mauvaise haleine.
2. À rendre les dents plus propres.
3. À fournir aux dents des substances nutritives.
4. À éliminer le besoin de se brosser les dents.

5 Depuis son enfance Georges était toujours fasciné par les bateaux. Enfant, ses parents et ses grands-parents l'amenaient au parc. Il passait des heures à regarder les petits bateaux que lui et les autres enfants faisaient flotter sur le lac. Ce lac d'eau sombre lui semblait être une mer resplendissante avec, de l'autre côté, des terres nouvelles et des coutumes étranges. Quand il lâchait le fil qui l'unissait au petit bateau, il rêvait qu'il était marin et qu'il naviguait vers des pays exotiques. Il voulait devenir un vrai marin et, une fois majeur, il avait réalisé ce rêve. Pendant plusieurs années, il avait navigué autour du monde comme capitaine d'un cargo. Il connaissait ces lieux lointains qui s'étaient présentés à lui dans ses rêves. Et maintenant, il se trouvait au bord du même lac, en train d'aider son neveu avec un bateau à voiles blanches. Il voyait le plaisir du garçon, qui regardait glisser le bateau poussé par un courant d'air. Il se rappelait alors les moments heureux et le grand calme qu'il avait ressenti sous la voûte d'un ciel noir illuminé d'étoiles qui brillaient comme des diamants. Est-ce que mon neveu ressentira la même fascination que moi? pensait-il, lorsque les cris affectueux de son neveu le ramenèrent à la réalité.

1 De quoi Georges était-il passionné?

1. De sports.
2. De jeux.
3. De navigation.
4. De parcs.

3a. LONG CONNECTED PASSAGES / 23

2 Georges rêvait…

1. de gagner sa vie comme marin.
2. de traverser l'océan en bateau à voiles.
3. d'être ambassadeur dans des pays étrangers.
4. de faire flotter des bateaux sur un lac.

3 Quand est-ce que Georges a réalisé son rêve?

1. Quand il faisait une promenade avec son grand-père.
2. Quand il est devenu adulte.
3. Quand il a fait la connaissance de son neveu.
4. Quand il jouait au marin.

4 Le souvenir des années passées en mer donnaient à Georges beaucoup de…

1. tristesse.
2. confiance.
3. tranquillité.
4. peine.

5 Qu'est-ce qui a attiré l'attention de Georges?

1. Sa femme l'a appelé.
2. Il a vu la lumière de la lune.
3. Il a trouvé une pierre précieuse.
4. Il a entendu une voix enfantine.

6 Papa travaille. Maman aussi. Que faut-il faire du bébé? Comment résoudre ce grand problème? Aujourd'hui on pèse les avantages et les inconvénients de la crèche, garderie d'enfants qui s'efforce de répondre à tous leurs besoins physiques et psychologiques.

Les avantages précieux de la crèche sont nombreux. D'abord, on peut compter sur la compétence du personnel qui s'occupe de l'enfant, répond à ses questions et éveille ses intérêts. Ensuite, l'enfant se sent en sécurité grâce à la régularité de ses occupations. Il joue avec d'autres enfants d'âges divers qui ne sont pas ses frères et sœurs. Les parents sont rassurés par les bonnes conditions d'hygiène et de sécurité réglementées par l'État. Enfin, l'enfant a plus d'espace et tout est à sa portée; il y a des salles spéciales pour jouer et pour dormir. Les menus sont adaptés à l'âge de l'enfant et les repas sont contrôlés par un pédiatre qui visite régulièrement la crèche.

Cependant, les crèches ne sont pas des paradis. Tout d'abord, elles ne sont pas faites pour les enfants malades, pour ceux qui habitent trop loin ou pour ceux qui ne peuvent pas se plier aux heures d'ouverture et de fermeture. Ensuite, le développement de l'individu est soumis aux contraintes de la vie collective. Le régime de la crèche ne peut pas tenir compte de chaque cas individuel. L'enfant ne reçoit pas la stimulation nécessaire pour se réaliser. Il est aussi difficile à la directrice d'avoir avec les parents des rapports utiles ou des échanges personnels qui tiennent compte du développement de chaque enfant.

Que faut-il conclure? L'essentiel est de bien s'occuper d'un enfant et de bien l'éduquer pour qu'il ait confiance en lui, qu'il accepte autrui et qu'il soit content.

1 Qu'est-ce qu'une crèche?

   1. C'est un hôpital pour les enfants.
   2. C'est un centre pour les enfants abandonnés.
   3. C'est un endroit où l'on prend soin des enfants.
   4. C'est une école pour les enfants handicapés.

2 Pourquoi les parents mettent-ils leurs enfants à la crèche?

   1. Les parents travaillent pendant la journée.
   2. La crèche a beaucoup d'avantages et d'inconvénients.
   3. Il leur est trop difficile de s'occuper de leurs enfants.
   4. Les enfants ont des problèmes psychologiques.

3 Quel est l'un des avantages de la crèche?

   1. Il y a beaucoup de règlements sévères.
   2. Tout est fait pour répondre aux besoins des enfants.
   3. L'enfant joue avec les membres de sa famille.
   4. L'enfant peut toujours faire ce qu'il veut.

4 Quel est l'un des inconvénients de la crèche?

   1. De temps en temps on maltraite les enfants.
   2. L'enfant tombe souvent malade.
   3. Les parents ne peuvent pas avoir de bonnes relations avec leurs enfants.
   4. L'enfant ne peut pas toujours recevoir l'attention individuelle dont il a besoin.

5 L'essentiel en ce qui concerne les soins de l'enfant est que...

   1. l'enfant finisse par avoir une bonne image de lui-même.
   2. les parents soient contents.
   3. l'enfant apprenne à lire.
   4. l'enfant accepte un cadeau.

7 L'astrologie a débuté il y a quelques millénaires dans beaucoup de civilisations du monde: en Mésopotamie, en Inde et en Chine. C'était d'abord la religion de la divination par les astres, dont l'astrologue était le grand prêtre. Son but était de prédire l'avenir. À cette époque, l'astrologie avait une grande importance.

Au onzième siècle, malgré les fortes objections de l'Église, l'astrologie était répandue en Occident, c'est-à-dire dans les pays de l'ouest. Elle n'était plus considérée comme une religion, mais elle restait une science et une divination. Comme science, elle était assimilée à l'astronomie. Comme divination, elle servait à prédire l'avenir des hommes importants. En ce temps-là, on croyait que les étoiles déterminaient la destinée.

En 1585 le Pape interdit aux astrologues la pratique de leur art. À partir de cette époque, l'astrologie perdit des adeptes et sa pratique diminua graduellement.

Aujourd'hui, on essaie d'établir une correspondance entre le caractère de l'individu et le signe zodiacal sous lequel il est né. On étudie l'influence des astres sur la personnalité et les événements. Ainsi les astrologues essaient d'aider les personnes en état de crise et de prédire leur avenir.

1 Jadis, l'astrologie était...

   1. une forme de magie.
   2. une science sérieuse.
   3. une religion basée sur les étoiles.
   4. un moyen de parler à Dieu.

2 L'Église s'opposait à l'astrologie parce que...

   1. l'astrologue prédisait l'avenir des hommes.
   2. l'astrologie était ennuyeuse.
   3. la science n'était pas importante à cette époque.
   4. l'Église ne pouvait pas prédire l'avenir des hommes.

3 On a moins pratiqué l'astrologie à partir du...

   1. 19e siècle.   3. 16e siècle.
   2. 18e siècle.   4. 11e siècle.

4 L'astrologue moderne étudie...

   1. l'influence de la psychologie sur l'homme.
   2. la psychologie.
   3. la religion du passé.
   4. comment les étoiles influencent les gens et leurs affaires.

26 / PART 3: READING COMPREHENSION

5 Selon ce passage, l'astrologie de nos jours...

  1. sert à prédire l'avenir.
  2. calcule les événements scientifiques.
  3. se base sur la psychologie.
  4. détermine la vie des gens.

---

8 Dans notre monde, où la technologie est constamment en progrès, il existe trois grands moyens de communication: la presse, la télévision et la radio. Chacun de ces moyens de communication a des caractéristiques particulières pour toucher un vaste public dispersé et anonyme. Le but de ces moyens de communication est d'apporter un message aux habitants du monde et chacun le fait à sa manière.

Le moins naturel des trois est la presse parce qu'elle utilise le mot écrit. Pour rapporter un événement au public, la presse utilise un langage poli, corrigé et révisé. Le message passe des mains de l'auteur à celles du rédacteur et il doit être parfait avant d'arriver sur les presses à imprimer. Le mot écrit que nous lisons dans les quotidiens et les revues dit toujours ce qu'il veut dire.

La télévision, par contre, se situe à l'autre extrême parce que, par la couleur, le son, l'image et le mot, elle touche tous les sens du spectateur. Le message peut perdre de son importance selon la manière dont il est présenté.

Entre ces deux extrêmes se trouve la radio. Elle se concentre seulement sur le son et le mot. C'est l'union d'une paire de lèvres et d'une paire d'oreilles de l'autre côté du récepteur. On peut l'écouter partout et elle est aussi agréable dans une maison que dans une voiture. Elle ne demande qu'une chose à l'auditeur, le désir d'écouter, sans l'intervention ni du mot écrit ni de l'image. C'est ce désir qui a maintenu la popularité et l'importance de la radio comme moyen de communication malgré les progrès technologiques.

1 La presse, la télévision et la radio servent à...

  1. distraire les gens.
  2. informer le public.
  3. ennuyer les personnes.
  4. faire progresser la société.

2 Selon cet article, que savons-nous des trois grands moyens de communication?

  1. Ils sont toujours efficaces.
  2. Deux de ces moyens cherchent un public anonyme.
  3. Chacun a son propre moyen d'expression.
  4. Les trois moyens ont des caractéristiques semblables.

3 Avant qu'un message écrit ne soit imprimé,...

1. on le lit à haute voix.
2. on le traduit dans d'autres langues.
3. on le révise jusqu'à ce qu'il soit parfait.
4. on l'enregistre sur une bande magnétique.

4 Quel désavantage la télévision a-t-elle?

1. Il y a toujours des personnes sans télévision.
2. L'image a souvent plus d'importance que l'événement.
3. Il est difficile de coordonner les quatre éléments constitutifs de la télévision.
4. Les spectateurs doivent connaître l'horaire des programmes.

5 À quoi doit-on la popularité de la radio?

1. À sa manière polie et détaillée de présenter un message.
2. Au fait qu'elle ne s'adresse qu'à un seul sens.
3. À son manque de moyens extraordinaires.
4. Au progrès scientifique du monde technologique.

9 Rien ne peut se comparer au cadeau sensationnel offert au Musée Métropolitain par un philanthrope new-yorkais et sa femme: trente sculptures en bronze d'Auguste Rodin et cinq millions de dollars pour construire un pavillon où les abriter. À une conférence de presse les donateurs ont dit: «Nous avons été inspirés par les œuvres de Rodin il y a 38 ans lorsque nous avons vu, pour la première fois ici au Met, sa célèbre ‹Main de Dieu›. Nous sommes très fiers de faire ce cadeau à notre musée favori.» Le maire de la ville, également ravi, a accepté ce don avec gratitude. Il a dit aux journalistes que ces œuvres apporteront de l'inspiration et de la joie à beaucoup de générations d'artistes et d'amateurs d'art.

Qui était cet artiste? Sculpteur célèbre, Auguste Rodin (1840–1917) réagit contre la sculpture académique, élégante et lisse de son époque. Malgré le mépris des cercles artistiques à ses débuts, il devint, en 1880, un des sculpteurs les plus renommés et les plus admirés du monde.

Dramatiques et intenses, les œuvres de Rodin sont des plus réalistes. Il a redonné à la sculpture la simplicité et la force. Parmi ses sculptures les plus célèbres sont «le Baiser» et «le Penseur».

1 Qu'est-ce que le musée a reçu comme cadeau?

1. Le portrait d'un philanthrope new-yorkais et de sa femme.
2. Le buste en bronze d'Auguste Rodin.
3. Un pavillon rempli d'arbres.
4. Une grande somme d'argent et des œuvres artistiques.

2 Les donateurs ont offert ce cadeau au musée pour...

    1. permettre aux New-yorkais d'admirer des sculptures magnifiques.
    2. montrer leur gratitude au maire.
    3. avoir une conférence de presse.
    4. célébrer l'anniversaire du musée.

3 Que pense le maire de ces œuvres?

    1. Elles plairont aux enthousiastes d'art.
    2. Leur style sera copié par les artistes.
    3. Elles inspireront à beaucoup d'autres personnes d'offrir des cadeaux au musée.
    4. Elles démontrent la joie.

4 Les sculptures d'Auguste Rodin sont...

    1. irréalistes.
    2. mécaniques.
    3. puissantes.
    4. obscures.

5 Comment Rodin devint-il un sculpteur renommé?

    1. Il copia ses collègues.
    2. Il renouvela la sculpture de son époque.
    3. Il créa la sculpture académique.
    4. Il fut un guerrier courageux.

10 Pour les Indiens, premiers habitants du continent américain, la célébration du cinquième centenaire de la découverte de l'Amérique par Christophe Colomb a été une occasion de tristesse. Cette fête marquait aussi cinq cents ans d'injustice et d'occupation de leurs terres.

    Les ancêtres des Indiens, venus d'Asie, ont découvert l'Amérique bien avant le débarquement de Christophe Colomb en 1492. Les diverses tribus avaient des moyens différents de saluer l'aube, de préparer les aliments et de chasser le gibier. Malgré leurs différences, ces tribus partageaient un grand et beau continent sans se disputer ni pour des terres ni pour de l'argent. Ils n'ont jamais eu entre eux de guerre totale. Le mythe du peau-rouge, guerrier assoiffé de vengeance a été créé par les westerns. En réalité, c'est souvent les Blancs qui se sont montrés cruels envers les Indiens.

    Pour les Indiens, leurs terres étaient plus précieuses que l'argent. Ils avaient un grand respect pour la terre, pour les animaux et pour les ressources naturelles de leur territoire. Pour eux, la terre pouvait guérir, calmer et fortifier. Ils auraient été généreux envers les Blancs si ceux-ci ne leur avaient pas pris cette terre sacrée.

On a précipité leur déclin en leur enlevant tout: leur foyer et leur grand pays magnifique. Aujourd'hui beaucoup d'Indiens connaissent la pauvreté, la maladie et la misère. Malgré ces injustices, pourront-ils sauvegarder leur héritage culturel?

1 Pourquoi le cinquième centenaire de la découverte de l'Amérique par Christophe Colomb a-t-il été une occasion de tristesse pour les Indiens?

1. On n'a pas invité les Indiens à y participer.
2. On a prouvé que les Indiens n'étaient pas les premiers habitants de l'Amérique.
3. Cette occasion a marqué cinq siècles de souffrance et d'injustice pour les Indiens.
4. Cette occasion a marqué le jour de leur indépendance.

2 Comment étaient les relations entre les différentes tribus?

1. Elles s'accordaient malgré leurs différences.
2. Elles avaient des tas de disputes.
3. Chaque tribu voulait chasser l'autre pour avoir plus de territoire.
4. Chaque tribu voulait détruire son ennemi.

3 La mauvaise réputation des Indiens vient de...

1. leur grande soif de vengeance.
2. la mythologie.
3. leurs coutumes guerrières et de leur peau rouge.
4. l'imagination des cow-boys.

4 Quelle était la chose la plus importante pour les Indiens?

1. Le respect.
2. La terre.
3. L'argent.
4. Le calme.

5 Qu'est-ce qui a causé le déclin des Indiens?

1. Les Blancs ne pouvaient pas tolérer l'injustice des Indiens.
2. Les Indiens étaient pauvres et malades.
3. Les Blancs ont pris leurs territoires.
4. Les Indiens ne voulaient pas se défendre.

3b SHORT READINGS (MULTIPLE CHOICE, ENGLISH)

Part 3b consists of a series of short readings. For each selection, there is a question or incomplete statement in English. For each, choose the expression that best answers the question or completes the statement. Base your choice on the content of the reading selection. Write the number of your answer in the space provided.

1 This review is describing...

1. a funny book.
2. a hilarious record.
3. an amusing play.
4. an unusual family reunion.

Variétés

A. Goutet   M. Jorey
P. Bacle   H. Daney

MON ONCLE JULES

«...on rit, on rit tout le temps, tant et tant que parfois les hoquets du public couvrent la voix des comédiens. De la haute voltige. On sort de là radieux. À voir absolument...»

Jean–Paul Roulot

PART 3: READING COMPREHENSION

JEUNE FILLE DE DIX-NEUF ANS
faisant études universitaires,
abonnée aux revues françaises et américaines,
parlant français, italien et anglais,
s'intéressant à la musique et aux films étrangers,

désire échanger timbres, cartes postales et monnaie avec personnes ayant les mêmes intérêts. Aime bien la France, ses coutumes et son architecture.

Béatrice Réginald
9, avenue Clémenceau
Montréal, Canada

2 This young girl would like to...
1. subscribe to international magazines.
2. correspond with people in other countries.
3. learn to speak foreign languages.
4. learn more about French architecture.

Voici une recette pour un dessert à la fois délicieux et riche qui sort de l'ordinaire.

Faites fondre une grosse barre de chocolat au lait, 1 carré de chocolat amer et 2 cuillerées de beurre. Ajoutez-y 2 cuillerées de café et 2 jaunes d'œuf. Laissez refroidir quelques minutes. Fouettez deux blancs d'œufs jusqu'à ce qu'ils soient montés en neige. Incorporez-les doucement au chocolat. Puis, incorporez à ce mélange un demi-litre de crème fraîche. Laissez refroidir pendant au moins quatre heures.

Et voilà. Vous avez une délicieuse mousse au chocolat.

3 Why is this recipe interesting?
1. It can be used in preparation for a banquet.
2. It uses unusual ingredients.
3. It can be prepared in 5 minutes.
4. It produces a tasty end to a meal.

3b. SHORT READINGS / 33

4. What awaits those born under this sign of the horoscope?

   1. A high level of stress.
   2. Heartbreak.
   3. Assistance from an individual.
   4. Worrisome news.

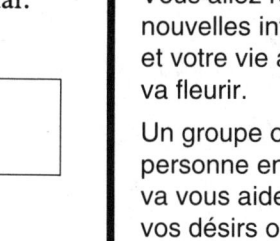

Scorpion

Vous allez recevoir des nouvelles intéressantes et votre vie amoureuse va fleurir.

Un groupe ou une personne en particulier va vous aider à réaliser vos désirs ou vos projets. Les tensions vont diminuer.

▼ COURS ▼ CHEVALIER

Si vous rêvez de pratiquer le maquillage comme un art et de l'exercer dans la photo, la mode, le cinéma, le théâtre, choisissez une formation professionnelle de haut niveau.

▼ Formation de base: formation professionnelle en six mois ou préparation au C.A.P. d'esthétique, section: maquillage.

▼ 4 Stages de perfectionnement pour professionnels et stages d'effets spéciaux: films fantastiques.

5. This ad would most appeal to someone interested in becoming...

   1. a beautician.
   2. a hairdresser.
   3. a photographer.
   4. a model.

15:00
L'HOMME AUX NERFS D'ACIER

Série marocaine avec
Luc Fanon et Richard Beaujour.

«WEEK-END BIONIQUE»

Steve passe le week-end dans une usine
dirigée par Michel Poubelle,
un véritable tyran.
Les ouvriers y fabriquent
des éléments atomiques.

6 Who would want to watch this program?
1. Those interested in recent scientific research.
2. Those who want to relax and enjoy themselves.
3. Doctors who are interested in finding cures to rare diseases.
4. American factory employees.

3b. SHORT READINGS / 35

1. Nom :	DELON
	(Pour les femmes, nom de jeune fille)
2. Prénoms :	JEAN PIERRE
3. Épouse ou veuve :	
4. Date et lieu de naissance :	06/01/70
	HENIN LIETARD 22
5. Domicile :	LIBERCOURT

Signature du Titulaire

6. Délivré par :
LE PREFET DU
PAS DE CALAIS
7. A ARRAS

Le 17/10/89

N° 871061120700
Pour le Préfet
Signature de l'Autorité
La Secrétaire Administratif délégué

Sceau ou cachet de l'Autorité

	CATÉGORIES DE VÉHICULES POUR LESQUELS LE PERMIS EST VALABLE
A1	871061120700/EQU 17/10/89 — Véhicules de plus de 50 cm³ sans excéder 125 cm³.
A	Motocycles avec ou sans side-car.
B	871061120700/EXA 17/10/89 — Véhicules de moins de 10 places et d'un PTAC* n'excédant pas 3 500 kg.
C	Poids lourds : — véhicules isolés d'un PTAC* supérieur à 3 500 kg et n'excédant pas 19 000 kg; — ensembles de véhicules ou véhicules articulés d'un PTRA* supérieur à 3 500 kg et n'excédant pas 12 500 kg.
C1	Super-lourds : — véhicules isolés d'un PTAC* supérieur à 19 000 kg; — ensembles de véhicules ou véhicules articulés d'un PTRA* supérieur à 12 500 kg.
D	Véhicules de transport de personnes comportant plus de 9 places assises ou transportant plus de 9 personnes.
E	Véhicules d'une des catégories B, F (B) ou D attelés d'une remorque ayant un PTAC* de plus de 750 kg.
F	Véhicules de la catégorie {A1, A, B} spécialement aménagés

* PTAC = Poids total autorisé en charge.
* PTRA = Poids total roulant autorisé.

7 This document is...

1. a birth certificate.
2. a library card.
3. a credit card.
4. a driver's license.

Un CANAPÉ–LIT à partir de 3.150 F

Entièrement déhoussable
(le couchage reste en place
sous la couette),
sommier à lattes,
la meilleure formule pour
les vertèbres citadines.

8 This ad would interest someone looking for...

1. an electrical appliance.
2. a home-entertainment system.
3. a piece of furniture.
4. a car.

Fromentin
n'arrête pas le progrès

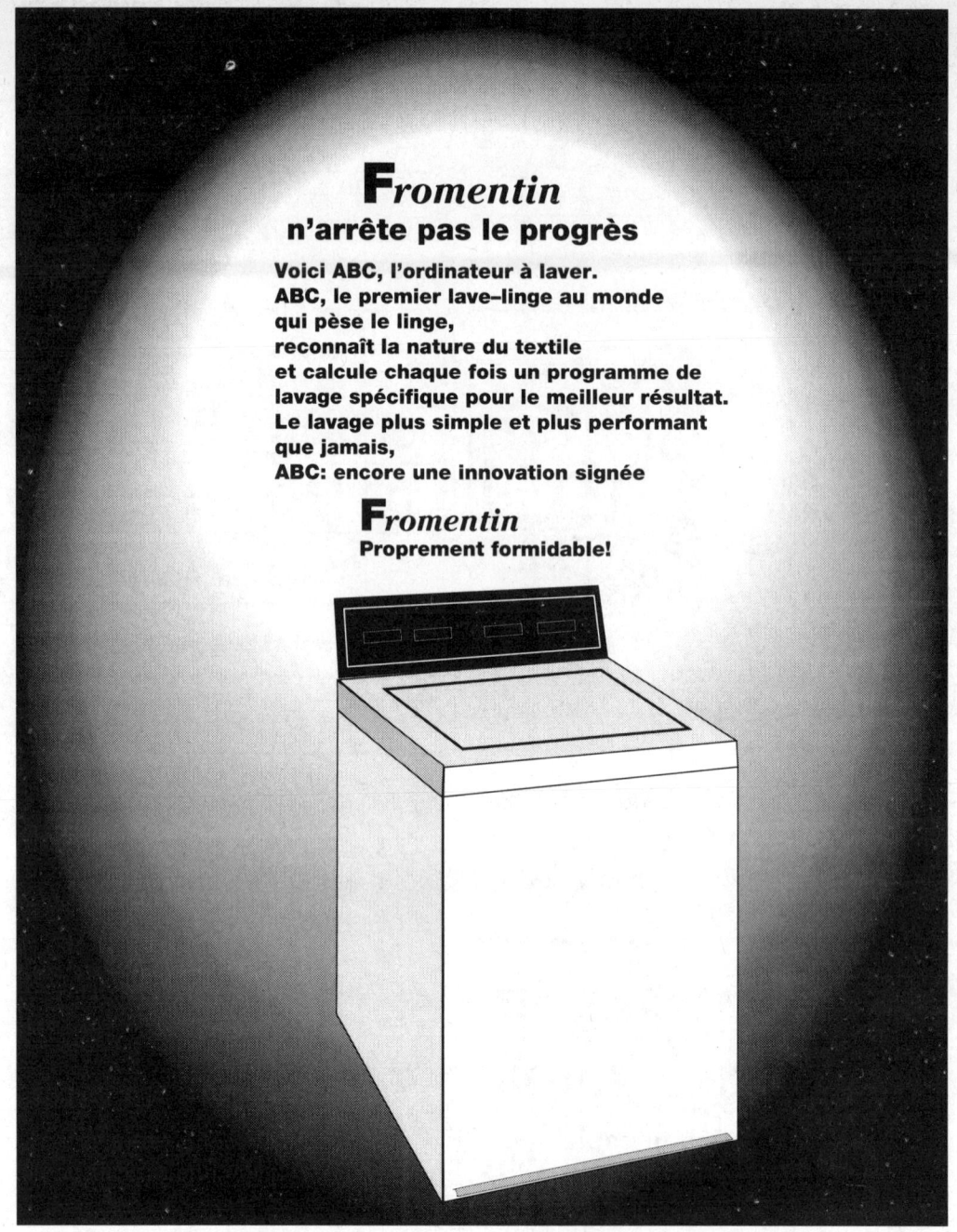

Voici ABC, l'ordinateur à laver.
ABC, le premier lave-linge au monde
qui pèse le linge,
reconnaît la nature du textile
et calcule chaque fois un programme de
lavage spécifique pour le meilleur résultat.
Le lavage plus simple et plus performant
que jamais,
ABC: encore une innovation signée

Fromentin
Proprement formidable!

9 Why is this machine special?
1. It automatically knows what to do.
2. It can be used only if you own a computer.
3. It performs very quickly and efficiently.
4. It is inexpensive to run.

3b. SHORT READINGS / 37

UN PETIT MOT A NOS VISITEURS

Des changements peuvent survenir à l'horaire des spectacles ou des expositions entre la date de publication et celle de l'événement. Nous vous suggérons de téléphoner aux numéros indiqués afin de confirmer, ou de téléphoner à l'office de Tourisme.

10 What is this ad advising you to do?
  1. Buy tickets to events well in advance.
  2. Check that the time and date of an event have not changed.
  3. Always reserve a seat at an event.
  4. Pay by credit card because you should not send cash by mail.

11 Who should respond to this ad?
  1. Those who are over 40 years old.
  2. Those who want to live in Paris.
  3. Those who have experience abroad.
  4. Those who speak English.

INGÉNIEUR ÉQUIPEMENTS
- Âge: 25 à 32 ans.
- Ingénieur diplômé.
- 2 à 6 ans d'expérience en mécanique dans une société de construction.
- Anglais courant nécessaire.
- Ce poste nécessite des déplacements tant en France qu'à l'étranger.

Les candidats intéressés sont priés d'adresser un C.V. avec photo, prétentions et références au **Service du Personnel, I.R.P. France, 16, avenue de l'Opéra, Paris.**

Maison des Brillants

achète toutes pierres précieuses, bijoux or et argent de 80 à 120 fr. le gramme

68, Av. Charles de Gaulle
Tél. 726.65.92

Discrétion garantie

12 Why would you call this telephone number?
  1. To inquire about the availability of an apartment.
  2. To inquire about a job.
  3. To sell jewelry.
  4. To redecorate your house.

PART 3: READING COMPREHENSION

13 If you wanted to have a package delivered, which company would you call?

POMPIDOU S.A.R.L.
Agence en Douane

Déménagements / Garde–meubles

Zone de la Gambette — F.-de-F.— Tél. 71.95.87

Télex: DOMART 792 542 MR

1

COUPEZ ET CLOUEZ
BOIS DÉCOUPÉ — QUINCAILLERIE
Contre–plaqués ■ Portes & Fenêtres ■ Formica ■ Vitres

Artisans et bricoleurs…venez voir notre atelier de découpe

Ouvert du lundi au samedi inclus:
de 8 h à 12 h et de 15 h à 17 h

Pont–de–Chaînes ■ Fort–de–France ■ Tél. 60–43–77
(ENTRÉE GLACIÈRES MODERNES)

2

Votre imprimeur
BELLES–LETTRES

C

70–77–25
c´est aussi
CHAGALL

la solution à vos problèmes
de gestion, de comptabilité
et d'administration

CITÉ ARTISANALE DE LA DILLON
FORT–DE–FRANCE

3

HUGO EXPRESS

LIVRAISONS
TRANSPORTS RAPIDES
PETITS COLIS
TOUTES COMMUNES
ENTREPOSAGE
TRANSPORT EXCLUSIF

Villa Naimro—Rte. de Cluny
F.-de-F.   Tél. 92.01.68

4

14 Who would be interested in this menu?

1. A person on a diet.
2. A person who prefers traditional French cuisine.
3. A vegetarian.
4. A person who likes typical American cooking.

> Si vous voulez maigrir sans efforts, supprimez le pain et le vin au déjeuner et au dîner, ne prenez rien entre les repas, mangez modérément et préparez le menu ci-dessous:
>
> **MATIN:** thé; 1 yaourt; 1 tranche de pain; 1 pamplemousse pressé.
>
> **MIDI:** melon; omelette de 2 œufs aux champignons; 1 crème de gruyère.
>
> **SOIR:** radis; 1 portion de goulash; 1 carotte et 1 pomme de terre bouillies; 1 pêche.

Demandez-la. C'est gratuit.

Notre compagnie vous enverra sur simple demande et sous emballage discret notre brochure N° 234

«Le complexe d'infériorité: causes et traitement».

Lisez-la et développez un sens de puissance personnelle, d'autorité, d'assurance qui vous aideront à vaincre votre timidité, à réussir dans la vie, à être heureux et à vous faire des amis.

Boîte Postale 3896, Avenue Foch, 75008 Paris.

15 Who would want to read this brochure?

1. People who want to improve themselves.
2. People who want to succeed in business.
3. People who are interested in current events.
4. People who are interested in becoming psychologists.

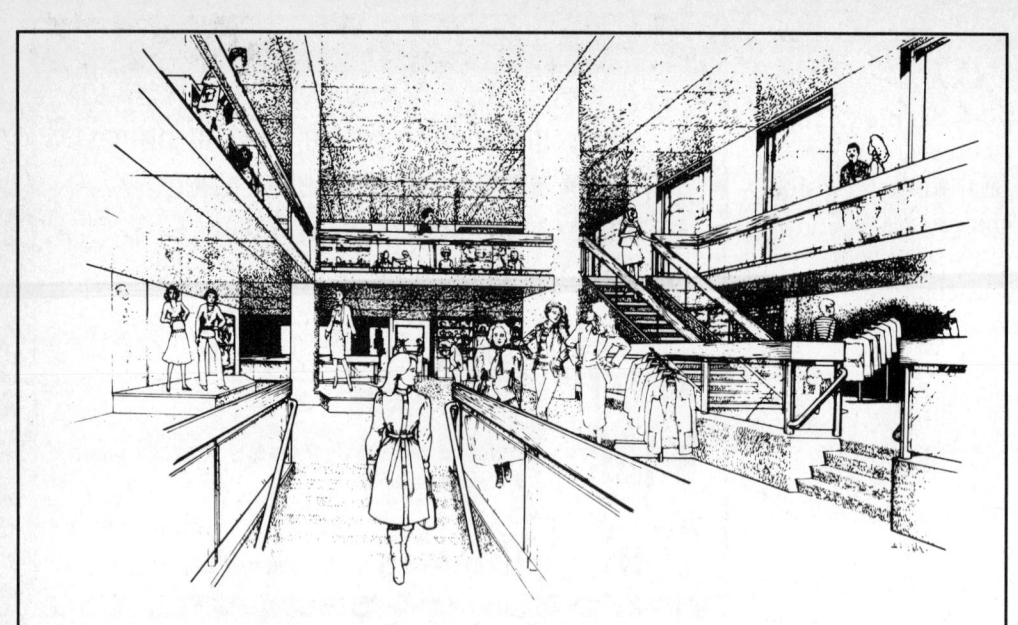

Le soleil vous accable-t-il?
Le vent souffle-t-il trop fort?
Il pleut, il neige.

Évadez-vous au cœur de la cité souterraine. Les boutiques de la Place Saint-Michel et de la Place Bonne Ville sont reliées entre elles et avec le métro, vous aurez ainsi également accès au musée Béjart. Les magasins sont ouverts du lundi au mercredi de 8h30 à 17h; les jeudis et vendredis de 8h30 à 21h30; le samedi, de 8h30 à 16h. Ils sont pour la plupart fermés le dimanche.

16 What is the advantage of shopping in these stores?
   1. Their prices are very reasonable.
   2. They are underground and easily accessible.
   3. They are always open, despite the weather.
   4. They have branches all over the city.

3b. SHORT READINGS / 41

Un nouvel appareil, le **«Maxison»**, mis au point par le professeur Souffir et son équipe de l'hôpital Saint–André à Montréal, permet aujourd'hui à plus de 90% des enfants qui naissent sourds d'entendre et donc de pouvoir parler. La surdité totale atteint plus de 1.000 enfants chaque année au Canada.

17 Which children can be helped by this new invention?

1. Children who are blind from birth.
2. Children who have speech defects.
3. Children who have trouble hearing.
4. Children who are born deaf.

18 What does this ad promise to do?

1. Help with weight loss.
2. Prevent hair loss.
3. Cure dandruff.
4. Destroy certain viruses.

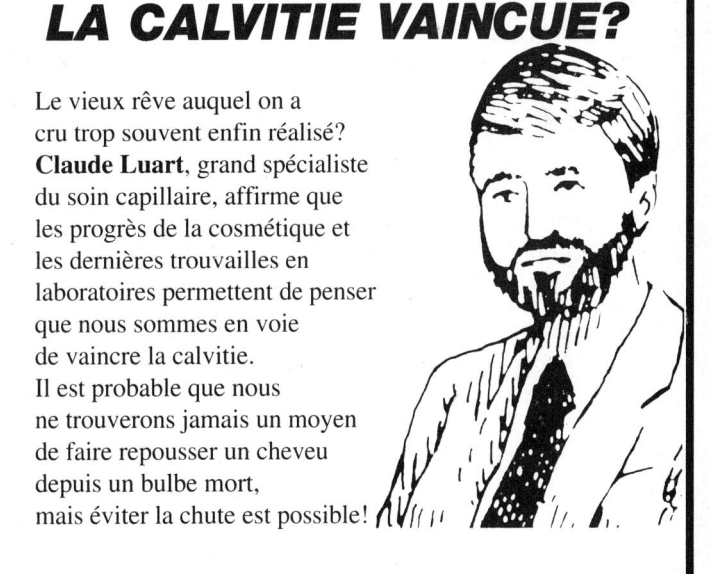

LA CALVITIE VAINCUE?

Le vieux rêve auquel on a cru trop souvent enfin réalisé? **Claude Luart**, grand spécialiste du soin capillaire, affirme que les progrès de la cosmétique et les dernières trouvailles en laboratoires permettent de penser que nous sommes en voie de vaincre la calvitie.
Il est probable que nous ne trouverons jamais un moyen de faire repousser un cheveu depuis un bulbe mort, mais éviter la chute est possible!

«Le Bonheur des enfants»

a pour but de sensibiliser les jeunes de 5 à 14 ans aux formes les plus diverses de la création contemporaine tout en leur permettant d'exercer, par le jeu, leurs perceptions sensorielles. Les enfants sont accueillis:

✏ soit dans le cadre de l'école avec leurs instituteurs pour des cycles de sensibilisation aux arts plastiques, à la musique, à l'environnement et à l'audiovisuel,

✏ Soit individuellement, le mercredi et le samedi et pendant les vacances scolaires, dans des ateliers d'expression le plus souvent confiés à des artistes.

19 What is «Le Bonheur des enfants»?

1. An after-school day-care center.
2. A place where youngsters can have a hands-on learning experience.
3. A sports academy for very talented youngsters.
4. A learning environment for intellectually gifted students.

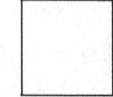

20 What do these instructions explain?

1. How to knit a sweater.
2. How to buy a sweater at a reasonable price.
3. How to create a pattern for a sweater.
4. How to properly take care of a sweater.

Vous vous tricotez de jolis pulls, alors vous avez sûrement envie de prendre bien soin d'eux quand vous les lavez. Faites toujours égoutter un pull avant de l'étendre. Si vous mettez votre pull directement sur la barre de séchoir, le poids de l'eau le détendra et il se déformera. Dans un premier temps, placez–le plié sur un angle arrondi et suspendez–le une fois qu'il sera bien égoutté.

3c SLOT COMPLETION

In each of the following passages, there are five blank spaces numbered 1 through 5. Each blank space represents a missing word or expression. For each blank space, four possible completions are provided. Only one of them makes sense *in the context of the passage*.

First, read the passage in its entirety to determine its general meaning. Then read it a second time. For *each* blank space, choose the completion that makes the best sense and write its *number* in the space provided.

1 Je n'oublierai jamais ma première classe de français à l'école secondaire. Je suis arrivée à la salle de M. Levy, un professeur sympathique de quarante ans. J'y suis entrée et j'ai ___(1)___ le début de la classe avec les autres. Nous étions tous très nerveux. Alors le professeur s'est mis à nous asseoir par ordre alphabétique. Il m'a appelée et j'ai trouvé ___(2)___. À ce moment-là j'ai regardé l'élève à côté de moi et ___(3)___ a commencé à battre deux fois plus vite qu'à l'ordinaire. Il s'appelait Raymond. Il avait les yeux bleus clairs et les cheveux noirs. C'était le garçon le plus beau que j'aie jamais vu. Je suis devenue tout de suite ___(4)___ de lui. C'était le coup de foudre. Au bout de quelques minutes il m'a regardée avec un petit sourire aux lèvres. À cette époque, à l'âge de treize ans, un garçon et une fille ne pouvaient pas ___(5)___ leur amour l'un pour l'autre. Alors, quand nos regards se sont rencontrés une deuxième fois, nous nous sommes salués de la même question: «Dois-je rester à côté de toi pendant tout le semestre?» C'est ainsi que j'ai fait la connaissance de mon futur mari.

(1) 1 attendu
    2 entendu
    3 pleuré
    4 applaudi

(2) 1 ma lettre
    2 mon stylo
    3 mon livre
    4 ma place

(3) 1 mon estomac
    2 mon œil
    3 mon cœur
    4 ma bouche

(4) 1 ennuyée
    2 folle
    3 mécontente
    4 insultée

(5) 1 avouer
    2 chercher
    3 oublier
    4 trouver

44 / PART 3: READING COMPREHENSION

2 Avez-vous entendu les nouvelles cet après-midi? On vient de (d') ___(1)___ un des vols les plus extraordinaires de tous les ___(2)___. Le vol a été commis dans un zoo de Québec. Plusieurs individus ont kidnappé un jeune éléphant qui s'appelle Sonya. Les ___(3)___, qui semblaient être des professionnels, ont fait une ouverture dans la barrière, puis ils ___(4)___ une porte et ont pris le petit éléphant. Sonya ___(5)___ trois cents kilogrammes et elle était enfermée avec deux éléphants adultes.

(1) 1 créer
    2 annoncer
    3 corriger
    4 célébrer

(2) 1 aéroports
    2 journaux
    3 accidents
    4 temps

(3) 1 voleurs
    2 gardes
    3 acteurs
    4 vendeurs

(4) 1 ont lavé
    2 ont peint
    3 ont cassé
    4 ont bâti

(5) 1 mange
    2 coûte
    3 dure
    4 pèse

3 Les jouets sont les premiers outils qui aident l'enfant à explorer, à communiquer et à apprendre quelque chose sur lui-même et sur ___(1)___. En jouant, il explore les contours et les matières, il clarifie les concepts abstraits, il apprend à ___(2)___ les objets, à ajuster ses mouvements et, finalement, à communiquer et à s'exprimer.

Les meilleurs jouets sont ceux qui sont adaptés aux ___(3)___ de l'enfant. Les éducateurs préfèrent les blocs, les chevilles ou la batterie de cuisine dont l'enfant peut ___(4)___ sans cesse, mais chaque fois d'une manière différente, selon le niveau de son développement.

Avant d'acheter un jouet, il faut l'évaluer au point de vue ___(5)___ : ce que l'enfant peut faire avec le jouet et non pas ce que le jouet peut faire lui-même. Le pire des jouets est celui qui n'a qu'un seul but. Ce genre de jouet séduit l'enfant un moment, mais finit par l'ennuyer rapidement.

(1) 1 sa nourriture
    2 son milieu
    3 son travail
    4 sa naissance

(2) 1 parler
    2 lire
    3 manier
    4 laver

(3) 1 talents
    2 amis
    3 esprits
    4 programmes

(4) 1 s'habiller
    2 se passer
    3 se servir
    4 se rendre compte

(5) 1 économique
    2 héréditaire
    3 social
    4 utilitaire

3c. SLOT COMPLETION

4 Un sondage récent révèle qu'aujourd'hui en France les adolescents fument moins. Cette diminution considérable est due aux efforts des organisations médicales qui informent les jeunes de 12 à 18 ans des ___(1)___ telles que le cancer, les crises cardiaques, l'emphysème et la bronchite, qui résultent de la consommation de tabac.

On a lancé ___(2)___ anti-tabac en créant des slogans publicitaires, en publiant des brochures destinées aux écoliers et en invitant les étudiants à participer à un concours spécial. Afin de rehausser ___(3)___ du non-fumeur, les élèves ont été encouragés à composer des chansons et écrire des sketches sur le thème «La France: le pays qui ___(4)___ tabac». Par ces moyens, on espère continuer à réduire et même à arrêter ___(5)___ de tabac parmi les adolescents en France.

(1) 1 maladies
    2 bonheurs
    3 bienfaits
    4 plaisanteries

(2) 1 un ballon
    2 une revue
    3 un préjugé
    4 une campagne

(3) 1 l'image
    2 l'opposition
    3 la nicotine
    4 les cigarettes

(4) 1 aime le
    2 renonce au
    3 fume du
    4 fait du

(5) 1 la culture
    2 le prix
    3 la consommation
    4 le plaisir

5 Anti-Tabac est un merveilleux désintoxicant qui peut supprimer l'envie de ___(1)___. Cette pilule n'est pas un médicament. Elle se compose de ___(2)___ complètement naturelles et non chimiques. Anti-Tabac, fabriqué sous contrôle du Bureau Médical de l'État n'est pas nocif aux êtres humains. On ne court aucun danger, on ne grossit pas et on n'est pas irritable avec ce produit ___(3)___. Débarrassez-vous de cette habitude ___(4)___. L'envie de fumer ___(5)___ à votre insu en une vingtaine de jours.

(1) 1 manger
    2 fumer
    3 boire
    4 dormir

(2) 1 narcotiques
    2 toxines
    3 substances
    4 recettes

(3) 1 dangereux
    2 incroyable
    3 coupable
    4 intolérable

(4) 1 tolérable
    2 salutaire
    3 inconnue
    4 dangereuse

(5) 1 apparaîtra
    2 arrivera
    3 commencera
    4 disparaîtra

46 / PART 3: READING COMPREHENSION

6 On dit que si on observe attentivement les gestes et les mouvements d'une personne, on peut apprendre beaucoup de choses sur elle. C'est ce qu'on appelle « __(1)__ du corps ». Voici quelques-uns des mouvements les plus révélateurs : __(2)__ une surface avec le bout des doigts ou faire bouger constamment un pied indiquent la tension. Croiser constamment les jambes est __(3)__ d'anxiété. Éviter __(4)__ de la personne avec qui on parle révèle l'inquiétude. Si une personne se touche le nez avec un doigt, c'est signe qu'elle ne croit pas ce qu'on lui dit. Savoir lire les mouvements d'autrui est très __(5)__ si on veut reconnaître les personnes suspectes.

(1) 1 la connaissance
    2 la découverte
    3 le langage
    4 l'état

(2) 1 tapoter
    2 faire
    3 appeler
    4 peindre

(3) 1 un manque
    2 un signe
    3 un déguisement
    4 un bénéfice

(4) 1 l'embrassement
    2 le mot
    3 le regard
    4 l'attraction

(5) 1 probable
    2 correct
    3 ordinaire
    4 utile

7 Chers amis,

Nous revenons d'une île charmante. Il y a deux semaines nous sommes allés à la Guadeloupe. Nous avons déjà eu __(1)__ d'avoir visité la Martinique et nous savions que ce voyage allait être très amusant. Nous avions raison.

Mon neveu Roger nous a rencontrés à l'aéroport. Il travaille à l'office de Tourisme et était notre __(2)__. Le groupe a décidé que Roger était si fort en relations publiques qu'il avait un avenir assuré.

Nous avons tout visité sur cette île tropicale. Les gens étaient très hospitaliers et __(3)__. Nous avons pris beaucoup de photos de tous les endroits intéressants. Ce qu'il y a d'épatant

(1) 1 le tarif
    2 la facture
    3 la chance
    4 le malheur

(2) 1 porteur
    2 guide
    3 banquier
    4 secrétaire

(3) 1 vulgaires
    2 hostiles
    3 antipathiques
    4 attentionnés

c'est que nous avons pu ___(4)___ de la plage, de leçons de plongée sous-marine, de bateaux à voiles et de classes de danse pendant ces vacances.

J'espère que vous pourrez bientôt connaître ___(5)___ formidable.

        Amitiés.

(4) 1 fournir
  2 peindre
  3 profiter
  4 renouveler

(5) 1 cette montagne
  2 cet endroit
  3 ce continent
  4 cette campagne

8 Comme vous le savez, si vous ne vous occupez pas de votre climatiseur, la réparation de celui-ci vous coûtera cher. C'est pourquoi nous voudrions vous donner quelques conseils qui vous aideront à ___(1)___ de l'énergie et de l'argent.

Si vous achetez un nouveau climatiseur, prenez ___(2)___ d'en choisir un d'une capacité suffisante mesurée en unités B.T.U. On la calcule en tenant compte de l'espace qu'il faut ___(3)___ et d'autres facteurs. Si le climatiseur n'a pas assez de puissance, vous aurez gaspillé autant d'argent que si vous en aviez acheté un qui aurait été trop puissant.

Plus vous désirez refroidir votre logement, plus le fonctionnement de votre climatiseur vous coûtera cher. Pour une économie maximum, réglez le thermostat de votre appareil pour qu'il ___(4)___ une température de 78 °F. Il faut avoir un thermomètre au mur pour vous guider, car le thermostat n'est pas toujours marqué en ___(5)___. Si votre climatiseur est réglé à 72 °F, ces six degrés de moins augmenteront le coût de 63%.

(1) 1 gaspiller
  2 changer
  3 perdre
  4 économiser

(2) 1 le temps
  2 la raison
  3 la bonté
  4 la hâte

(3) 1 passer
  2 refroidir
  3 nettoyer
  4 contempler

(4) 1 gaspille
  2 accoutume
  3 maintienne
  4 perde

(5) 1 lettres
  2 fractions
  3 pourcentages
  4 degrés

48 / PART 3: READING COMPREHENSION

9 Aimez-vous regarder la télévision? La regardez-vous trop? Si vous voulez ___(1)___ cette habitude ennuyeuse, faites une liste des programmes que vous regardez. Discutez-les avec votre famille et vos amis pour déterminer leur valeur. Enfin, substituez-y une activité plus ___(2)___ ou plus utile telle que la lecture, l'écriture, les sports, un passe-temps ou un travail bénévole.

À petites doses, naturellement, la télévision amuse. Certains programmes — les informations, ___(3)___ et les programmes culturels ou scientifiques — sont même ___(4)___. Une étude a conclu que certains programmes peuvent ___(5)___ le niveau des élèves à l'école.

(1) 1 continuer
2 abandonner
3 former
4 garder

(2) 1 divertissante
2 facile
3 abstraite
4 calme

(3) 1 les comédies
2 les sports
3 les feuilletons
4 les documentaires

(4) 1 ennuyeux
2 sans importance
3 éducatifs
4 répugnants

(5) 1 relever
2 détruire
3 diminuer
4 baisser

10 Voulez-vous participer à la lutte contre l'inflation? Voici ce qu'il faut faire:

(a) Comparez les prix dans différents magasins pour les articles dont vous avez un besoin quotidien.

(b) Sachez que le plus ___(1)___ n'est pas toujours le meilleur.

(c) Évitez de tout acheter dans un seul magasin parce que c'est plus ___(2)___ ou parce que vous avez l'habitude d'y aller.

(d) N'achetez pas de produits alimentaires ___(3)___.

(e) Ne faites pas beaucoup ___(4)___ aux offres promotionnelles.

(f) Voyez si la dépense d'essence est ___(5)___ quand vous allez dans un magasin loin de chez vous pour économiser sur un produit.

(1) 1 petit
2 intéressant
3 difficile
4 cher

(2) 1 nécessaire
2 facile
3 important
4 intéressant

(3) 1 hors-saison
2 hors service
3 hors de la ville
4 hors de portée

(4) 1 d'inquiétude
2 de souci
3 de confiance
4 de peur

(5) 1 importante
2 justifiée
3 suffisante
4 réglée

3c. SLOT COMPLETION / 49

11 Pour survivre à un incendie d'hôtel vous devez vous renseigner sur un certain nombre de points aussitôt que vous vous inscrivez sur le registre. En allant à votre ___(1)___, prenez quelques instants pour examiner les issues possibles. N'oubliez pas que vous ne devez jamais utiliser ___(2)___ en cas d'incendie, car il peut s'arrêter à un étage qui est la proie des ___(3)___. Vérifiez si les sorties sont utilisables, si on peut ouvrir les portes et les fenêtres et si les escaliers n'ont pas d'obstacles. Vous devez compter le nombre de portes entre votre chambre et les sorties. Si le couloir est obscurci et plein de fumée, vous aurez besoin de connaître la voie ___(4)___ la sortie. Si l'hôtel a un système d'alarme, trouvez l'alarme la plus proche. Apprenez à la trouver et à ___(5)___ dans l'obscurité.

(1) 1 bureau
    2 maison
    3 chambre
    4 magasin

(2) 1 le téléphone
    2 la salle de bains
    3 la télévision
    4 l'ascenseur

(3) 1 fleurs
    2 flammes
    3 assassins
    4 tuyaux

(4) 1 vers
    2 derrière
    3 loin de
    4 sous

(5) 1 la compter
    2 l'activer
    3 la perdre
    4 la nettoyer

12 Les gros flocons de neige couvrent la terre d'un magnifique manteau blanc. Laissez de côté vos travaux ménagers ou vos devoirs et ___(1)___. Profitez de ce phénomène de la nature qui vous est ___(2)___ offert. Voici quelques suggestions sur ce que vous pouvez faire:

Faites des bonhommes de neige et ___(3)___-les de maillots de bain. Prenez des photos.

Sortez des seaux et des pelles et faites des ___(4)___ de neige. Mettez-les dans des tasses en papier, recouvrez-les de sirop d'érable et mangez-les. C'est délicieux.

Soyez ___(5)___. Prenez un pinceau et peignez la neige de couleurs différentes.

(1) 1 pleurez
    2 sortez
    3 travaillez
    4 dormez

(2) 1 rarement
    2 également
    3 toujours
    4 généralement

(3) 1 habitez
    2 découvrez
    3 soignez
    4 habillez

(4) 1 appareils
    2 gâteaux
    3 tableaux
    4 raquettes

(5) 1 artiste
    2 cuisinier
    3 professeur
    4 infirmière

PART 3: READING COMPREHENSION

13 On a dû évacuer deux mille familles de leurs maisons. La __(1)__ de cette évacuation est un incendie qui __(2)__ vers midi dans une usine d'automobiles. Selon les pompiers, il leur faudra au moins deux semaines pour que le feu soit complètement __(3)__. Ils ont sollicité l'intervention d'autres corps de pompiers qui sont casernés près de la ville. On a logé les personnes __(4)__ dans les gymnases et les centres de secours de la ville où il y a de la nourriture, des couvertures et des lits provisoires. Trente personnes au moins ont été __(5)__ par la fumée et hospitalisées.

(1) 1 faute
2 cause
3 provision
4 crise

(2) 1 est sorti
2 s'est terminé
3 est devenu
4 a éclaté

(3) 1 éteint
2 rallumé
3 illuminé
4 arrosé

(4) 1 invitées
2 enlevées
3 évacuées
4 ennuyées

(5) 1 cassées
2 douées
3 mortes
4 intoxiquées

14 Les activités quotidiennes, les pensées et les émotions ont un impact important sur la qualité et la quantité de sommeil. Donc, ce que les insomniaques pensent, ressentent et font pendant la journée semble affecter la manière dont ils __(1)__ pendant la nuit. L'insomnie affecte à peu près 15 millions d'Américains. Les __(2)__ les plus communs aujourd'hui sont les somnifères et autres médicaments. Mais comme on peut __(3)__ une accoutumance à ces drogues, on cherche un traitement différent. L'une des options est la thérapie de détente. Une autre étude suggère que les insomniaques pourraient tirer profit d'activités accrues et de contacts sociaux.

D'autres études montrent que les insomniaques passent beaucoup de temps à faire des courses, à regarder la télévision et à __(4)__,

(1) 1 restent
2 travaillent
3 dorment
4 marchent

(2) 1 traitements
2 causes
3 résultats
4 maladies

(3) 1 oublier
2 développer
3 manger
4 fumer

(4) 1 jouer au tennis
2 se reposer
3 faire du ski
4 monter à cheval

tandis que ceux qui dorment bien parlent aux autres, travaillent ou étudient.

Les insomniaques s'occupent d'eux-mêmes tandis que les autres s'occupent de leurs ___(5)___ et de leur travail.

(5) 1 affaires
2 difficultés
3 problèmes
4 télévisions

15 Savez-vous que le décor dans lequel vous vivez affecte vos habitudes alimentaires? C'est vrai! Et si vous voulez changer votre manière de manger, il faut ___(1)___ ce qui vous entoure. Voici quelques suggestions utiles qui peuvent vous aider à maigrir d'une manière saine et agréable. D'abord, il faut que vous observiez la nourriture que vous consommez. Il faudra tenir un journal quotidien et y ___(2)___ tout ce que vous mangez et à quelle heure. Ainsi vous vous rendrez compte de ce qu'il faut éliminer de votre régime. Deuxièmement, vous devez vous imposer un but réalisable. Vous ne pouvez pas ___(3)___ du poids en un mois ou moins si vous êtes très au-dessus du poids normal. Troisièmement, il faut ôter de votre portée bonbons, glaces et pâtisseries. Quatrièmement, il faut que vous adoptiez de nouvelles habitudes alimentaires: il faut substituer des fruits aux gâteaux qui font ___(4)___. Enfin, pour chaque effort qui produit un résultat positif, vous devez vous donner ___(5)___, c'est-à-dire, vous devez vous acheter quelque chose, mais pas une chose à manger, pour vous féliciter de votre succès.

(1) 1 agiter
2 éviter
3 trouver
4 modifier

(2) 1 indiquer
2 prouver
3 savoir
4 dire

(3) 1 essayer
2 donner
3 perdre
4 laisser

(4) 1 manger
2 grossir
3 dormir
4 maigrir

(5) 1 une récompense
2 un repas
3 une douleur
4 un billet

52 / PART 3: READING COMPREHENSION

16 Parfois, une femme passe longtemps à se faire belle devant un miroir pour obtenir le résultat souhaité: être admirée. Cependant, une véritable ___(1)___ peut se passer si elle perd trop de temps à s'occuper de sa beauté. C'est exactement ce qui est arrivé à un jeune couple qui avait l'intention ___(2)___. Le prêtre était très gêné car la fiancée n'est pas ___(3)___ à l'église à l'heure. Au bout de vingt minutes ___(4)___, le prêtre a ôté ses vêtements sacerdotaux et a quitté l'église. Quand la jeune fille est finalement arrivée, belle et parfumée, elle a vu son fiancé pris d' ___(5)___ de nerfs. Naturellement, on n'a pas célébré les noces.

(1) 1 tragédie
    2 pièce
    3 urgence
    4 compréhension

(2) 1 de se rencontrer
    2 d'échapper
    3 de tomber amoureux
    4 de se marier

(3) 1 rentrée
    2 arrivée
    3 sortie
    4 tombée

(4) 1 de discussion
    2 de discours
    3 d'attente
    4 de prière

(5) 1 une cérémonie
    2 une fête
    3 une crise
    4 une téléphoniste

17 Chaque année les français consomment plus de 75.000 tonnes de bonbons et de chewing-gum. Ce chiffre a ___(1)___ les dentistes qui ont fini par ___(2)___ une campagne destinée à réduire la consommation des sucreries par les enfants. Ils veulent également indiquer au public les ___(3)___ terribles de l'emploi ___(4)___ du sucre pour la bonne santé d' ___(5)___.

(1) 1 amusé
    2 souffert
    3 choqué
    4 réjoui

(2) 1 lancer
    2 frapper
    3 courir
    4 forcer

(3) 1 jugements
    2 conséquences
    3 remords
    4 causes

(4) 1 cru
    2 commun
    3 aigre
    4 excessif

(5) 1 une lèvre
    2 une dentition
    3 une carie
    4 un sourire

3c. SLOT COMPLETION / 53

18 Chaque année des milliers d'écoliers sont victimes d'accidents de la route en allant ou en revenant de l'école. Les fabricants de (d') ___(1)___ ont trouvé une solution au problème ___(2)___ des enfants sur les routes. Ils ont inventé des accessoires ___(3)___ qui peuvent être attachés aux chaussures, aux manteaux ou aux chapeaux. L'enfant ___(4)___ une bande réfléchissante qui signale sa présence dans ___(5)___.

(1) 1 voitures
    2 lumières
    3 outils
    4 articles scolaires

(2) 1 de la sécurité
    2 du comportement
    3 de la bêtise
    4 du transport

(3) 1 transparents
    2 noirs
    3 obscurs
    4 lumineux

(4) 1 porte
    2 cherche
    3 mène
    4 mange

(5) 1 la classe
    2 l'obscurité
    3 la foule
    4 l'école

19 Il y a quelques années, on a créé en France des écoles pour enseigner ___(1)___ aux élèves de 7 à 11 ans. Chaque enfant reçoit ___(2)___ dans cette langue. On montre à la classe des diapositives pendant qu'on passe une bande sonore qui donne ___(3)___ correspondants: une fille, un chien, une carotte etc. Les élèves répètent en chœur, puis ___(4)___ le nom de chaque objet. Tout est dans la langue étrangère: on joue, on chante et on écrit un magazine. Au bout de deux ans, on commence à apprendre aux enfants la grammaire et ___(5)___, mais toujours avec l'idée que c'est un jeu.

(1) 1 l'histoire
    2 l'art
    3 l'anglais
    4 la lecture

(2) 1 un bonbon
    2 un nom
    3 une histoire
    4 une famille

(3) 1 les mots
    2 les disques
    3 les chansons
    4 les images

(4) 1 ensemble
    2 individuellement
    3 à voix basse
    4 en silence

(5) 1 le français
    2 l'orthographe
    3 la bienvenue
    4 la gymnastique

20

Victimes des chasseurs, les tigres restent, pour le moment, les grands seigneurs de la jungle. L'espèce est en voie de disparition. Il n'en reste plus qu'un millier en Inde. On en trouve encore quelques-uns en Sibérie, en Iran, en Indonésie et en Indochine.

Autrefois ils se trouvaient sur divers continents. Ils se ___(1)___ d'eau et de proies. On les voyait dans des lieux différents: steppes, marécages, pâturages et forêts. Mais la poussée des cultures et des populations ainsi que la chasse ont fait ___(2)___ peu à peu ces grands fauves. Aujourd'hui le tigre en Inde a le territoire qui lui convient le mieux.

Le destin du tigre est ___(3)___. Ce beau félin gracieux et vigoureux est condamné s'il reste à la merci des chasseurs de fourrures. Il serait nécessaire d'établir des ___(4)___ dans les régions dépeuplées où le tigre pourrait continuer à chasser, à se reproduire et à survivre, ce qui empêcherait ___(5)___ du prince de la jungle.

(1) 1 passaient
    2 gênaient
    3 méfiaient
    4 nourrissaient

(2) 1 périr
    2 grandir
    3 grossir
    4 pleurer

(3) 1 ridicule
    2 formidable
    3 triste
    4 agréable

(4) 1 maisons
    2 prisons
    3 réserves
    4 logements

(5) 1 le rajeunissement
    2 la mort
    3 la naissance
    4 le commencement

PART 4

Writing

In Part 4, your teacher will assign to you one or more notes, narratives, and/or letters. Follow the directions below carefully.

4a INFORMAL NOTES

Write a well-organized note in French as directed below. Follow the specific instructions for each note you select or are assigned. Each note must consist of at least six clauses. A clause must contain a verb, a stated or implied subject, and additional words necessary to convey meaning. The six clauses may be contained in fewer than six sentences if some of the sentences have more than one clause.

Examples:

One Clause:	J'ai frappé à la porte.
Two Clauses:	J'ai frappé à la porte pour parler des devoirs à mon ami.
Three Clauses:	J'ai frappé à la porte pour parler des devoirs à mon ami qui a été absent de la classe de français aujourd'hui.

PART 4: WRITING

1. You received a present from your grandparents. Write a note to them expressing your appreciation.

_____
_____
_____
_____
_____
_____

2. Your friends have invited you to spend the weekend with them at their house by the lake. Write a note saying that you cannot go and why.

_____
_____
_____
_____
_____
_____

3. You are not coming directly home from school. Write a note of explanation to your mother or father, and give the reason.

_____
_____
_____
_____
_____
_____

4a. INFORMAL NOTES / 57

4 You are having a party at your home. Write a note to a friend inviting him/her to the party.

_____
_____
_____
_____
_____
_____

5 You have invited an exchange student to your home for dinner. Write a note to him/her giving directions to your house.

_____
_____
_____
_____
_____
_____

6 It is your friend's birthday and he/she is away at camp. Write a note to him/her congratulating him/her on the occasion.

_____
_____
_____
_____
_____
_____

PART 4: WRITING

7 Your friend won a prize in a science contest. Write him/her a note of congratulations.

_____
_____
_____
_____
_____

8 You and a friend had a disagreement about something. Write a note apologizing for your behavior.

_____
_____
_____
_____
_____

9 You are going to France as an exchange student. A friend wants to see you off at the airport. Write a note giving him/her the information needed.

_____
_____
_____
_____
_____

10   A classmate has been absent from school because of a prolonged illness. Write him/her a note expressing your feelings.

_____
_____
_____
_____
_____
_____

4b NARRATIVES AND LETTERS

Write a well-organized composition in French as directed below. Follow the specific instructions for each topic you select or are assigned. In the spaces provided, identify the topic by letter and number (for example, A1, B3).

Each composition must consist of at least ten clauses. A clause must contain a verb, a stated or implied subject, and additional words necessary to convey meaning. The ten clauses may be contained in fewer than ten sentences if some of the sentences have more than one clause.

Examples:

One Clause:	J'ai frappé à la porte.
Two Clauses:	J'ai frappé à la porte pour parler des devoirs à mon ami.
Three Clauses:	J'ai frappé à la porte pour parler des devoirs à mon ami qui a été absent de la classe de français aujourd'hui.

A. NARRATIVES

Write a STORY in French about the situation shown in each of the pictures selected by you or assigned to you by your teacher. It must be a story about the situation in the picture, not a description of the picture.

PART 4: WRITING

1

4b. NARRATIVES / 61

2

PART 4: WRITING

3

4b. NARRATIVES / 63

4

PART 4: WRITING

5

4b. NARRATIVES / 65

6

PART 4: WRITING

7

4b. NARRATIVES / **67**

8

PART 4: WRITING

9

4b. NARRATIVES / 69

10

70 / PART 4: WRITING

B. FORMAL LETTERS

Write a LETTER in French. Follow the specific instructions for each topic selected by you or assigned by your teacher. Please note that the dateline, salutation, and closing will *not* be counted as part of the required ten clauses.

1 You are planning a trip to Quebec during the forthcoming summer. Write a letter in French to a hotel requesting information about its facilities and reservation procedures.

You may use ideas suggested by any or all of the subtopics listed below or you may use your own ideas, provided you accomplish the purpose of the letter, which is *to obtain information on the hotel's facilities and reservation procedures.*

The suggested subtopics are: why you are writing the letter; when you plan to be in Quebec; the length of your stay; what facilities the hotel has (restaurants, pool, etc.); the climate; room rates; the hotel's proximity to museums, movies, shopping, etc.; the availability of space in the hotel; the requirement of a deposit; concluding statement.

Use the following:

Dateline: le — — 19 —
Salutation: Monsieur/Madame,
Closing: Veuillez agréer, Monsieur/Madame, l'expression de mes sentiments les meilleurs.

4b. FORMAL LETTERS / 71

2 You wish to place an ad in a French language magazine for a pen pal. Write a letter in French to the magazine requesting information on placing an ad.

You may use ideas suggested by any or all of the subtopics listed below or you may use your own ideas, provided you accomplish the purpose of the letter, which is *to obtain information on placing an ad.*

The suggested subtopics are: who you are; why you are writing the letter; purpose of ad; number of words in ad; cost of ad; means of payment; date by which ad must be placed; age of magazine's audience; use of magazine's address; concluding statement.

Use the following:

Dateline: le — — 19 —
Salutation: Monsieur/Madame,
Closing: Veuillez agréer, Monsieur/Madame, l'expression de mes sentiments les meilleurs.

PART 4: WRITING

3 You are planning to attend the summer session of a study-abroad program in France. Write a letter in French to the director of the program requesting information concerning the program.

You may use ideas suggested by any or all of the subtopics listed below or you may use your own ideas, provided you accomplish the purpose of the letter, which is *to obtain information about the program.*

The suggested subtopics are: reason for writing the letter; interest in special subjects; dates of the program; cost of the program; requirements for admission; living accommodations; your personal goal; required documents; availability of catalogs; concluding statement.

Use the following:

Dateline: le —— —— 19 ——
Salutation: Monsieur/Madame,
Closing: Veuillez agréer, Monsieur/Madame, l'expression de mes sentiments les meilleurs.

4b. FORMAL LETTERS / 73

4 You have read an announcement in the local newspaper that Les Coquins de Nice will visit and perform in your city shortly. Write a letter in French to the sponsor of the visit for information.

You may use ideas suggested by any or all of the subtopics listed below or you may use your own ideas, provided you accomplish the purpose of the letter, which is *to obtain information about the visit.*

The suggested subtopics are: why you are writing; dates of the visit; possibility of a special performance; location of performances; cost of tickets; availability of discount for students; background information about the group; availability of their recordings; possibility of meeting them; concluding statement.

Use the following:

Dateline: le — — 19 —
Salutation: Monsieur/Madame,
Closing: Veuillez agréer, Monsieur/Madame, l'expression de mes sentiments les meilleurs.

PART 4: WRITING

5 You are preparing a report on recreational activities in Haiti for your French class. Write a letter in French to the Haitian National Tourist Office requesting information on this topic.

You may use ideas suggested by any or all of the subtopics listed below or you may use your own ideas, provided you accomplish the purpose of the letter, which is *to obtain information about recreational activities in Haiti*.

The suggested subtopics are: background information about your class; reason for the letter; why you chose the topic; how you will present the report; which recreational activities are popular; specific age group in which you are interested; popular geographical areas for recreational activities; reason for their popularity; reference material available; availability of pictures; concluding statement.

Use the following:

Dateline: le —— 19 —
Salutation: Monsieur/Madame,
Closing: Veuillez agréer, Monsieur/Madame, l'expression de mes sentiments les meilleurs.

6 You are an exchange student in Grenoble, France. Your new friends invite you to go skiing for a weekend. But you need written permission from your parents. Write a note to your parents urging them to allow you to go on this ski trip.

You may use ideas suggested by any or all of the subtopics listed below or you may use your own ideas, provided you accomplish the purpose of the note, which is *to convince your parents to allow you to go skiing with your friends on a weekend.*

The suggested subtopics are: the purpose of your note; where you want to go; when; with whom; how you will get there; where you will stay; the cost; how you will pay for it; when you will return; your expectations.

Use the following:

Dateline: le — — 19 —
Salutation: Chers papa et maman,
Closing: Votre fils/fille,

PART 4: WRITING

7 The French Club of your school, of which you are president, is planning an activity (concert, cake sale, etc.). Write a note in French to the students of French in your school in which you urge them to support the activity that will be sponsored by the French Club.

You may use ideas suggested by any or all of the subtopics listed below or you may use your own ideas, provided you accomplish the purpose of the letter, which is *to convince the students to support this activity of the French Club.*

The suggested subtopics are: why you are writing this note; the nature of the activity planned; when (day, date, time) and where it will take place; the cost to the students; how the profits from this activity will be used; what they can do to make the activity a success; your expectations.

Use the following:

Dateline: le — — 19 —
Salutation: Chers amis,
Closing: Votre ami/amie,

8 You are planning a vacation trip and would like a friend to accompany you. Write a note in French to a friend urging him/her to join you on this trip.

You may use ideas suggested by any or all of the subtopics listed below or you may use your own ideas, provided you accomplish the purpose of the note, which is *to convince your friend to accompany you on a vacation trip you are planning.*

The suggested subtopics are: the purpose of your note; the destination of the trip; when you will leave; how you will travel; the length of the trip; places you will visit; why you chose this destination; other activities during the trip; why he/she should accompany you; your expectations.

Use the following:

Dateline: le — — 19 —
Salutation: Cher/Chère —,
Closing: Ton ami/amie,

PART 4: WRITING

9 You wish to see a new course introduced in French. Write a letter in French to the principal of your high school urging him/her to introduce this new course.

You may use ideas suggested by any or all of the subtopics listed below or you may use your own ideas, provided you accomplish the purpose of the letter, which is *to convince the principal to offer the new course in French that you are suggesting.*

After you have provided sufficient background information (who you are, what you want), you may want to include these suggested topics: the course you wish introduced; justification for this course; which students would take it; number of students desiring such a course; the credit for the course; benefits to be derived from the course; who might teach this course; when it should be introduced; your expectations.

Use the following:

Dateline: le — — 19 —
Salutation: Cher Monsieur/Chère Madame,
Closing: Veuillez agréer, Monsieur/Madame, l'expression de mes sentiments les meilleurs.

4b. FORMAL LETTERS

10 You want a traffic light installed at an intersection near school. Write a letter in French to the mayor of your city in which you urge him/her to have a traffic light installed at this intersection.

You may use ideas suggested by any or all of the subtopics listed below or you may use your own ideas, provided you accomplish the purpose of the letter, which is *to convince the mayor to have a traffic light installed*.

The suggested subtopics are: reason for your letter; what is needed; its location; reasons to justify its installation; previous events at this intersection; benefits from its installation; whom it will affect; how the mayor can help; your expectations.

Note: Fewer than 10 subtopics are provided. Some of the subtopics lend themselves to more than one clause.

Use the following:

Dateline: le — — 19 —
Salutation: Monsieur le Maire/Madame le Maire,
Closing: Veuillez agréer, Monsieur/Madame, l'expression de mes sentiments les meilleurs.

VOCABULARY

abbaye *f.* abbey
abeille *f.* bee
abonnement *m.* subscription
abonner to subscribe
abriter to shelter
accabler to overwhelm
accoutumance *f.* familiarization
accroc *m.* tear (*in clothes*)
accrocher to hang up
accroître (*p.p.* **accru**) to grow, increase
accueilli welcomed
achat *m.* purchase
acier *m.* steel
aérien (*f.* **aérienne**) air, aerial
aéroport *m.* airport
affaire *f.* affair, business; *pl.* belongings
affamé famished, hungry, starving
affectueux (*f.* **affectueuse**) affectionate, tender
affiche *f.* poster
afficher to post
afin de in order to
agir to act; **s'agir de** to concern
agiter to agitate; to wave
agréer to accept
aider to help
aigre sour, bitter
aimable kind
aîné older
ainsi thus; **ainsi que** as well as
ajouter to add
aliment *m.* food, nourishment
alimentaire nutritious; **produits alimentaires** *m.pl.* food products
aller to go; **aller bien** to fit
allier to unite, combine
amateur *m.* lover (*of something*); **amateur d'art** art lover
améliorer to improve; to better; **s'améliorer** to improve oneself
amende *f.* fine, penalty
amener to bring
amer (*f.* **amère**) bitter
amical friendly
amour *m.* love
amoureux (*f.* **amoureuse**) in love; *m.* lover; **être amoureux de** to be in love with
amusant funny
ancêtre *m.* ancestor
animé lively
année *f.* year
annonce *f.* announcement, advertisement
antenne *f.* antenna; aerial
antipathique antipathetic, not nice
appareil *m.* apparatus, appliance
appeler to call
appliquer to apply
apporter to bring
apprendre to learn; to teach
appuyer to lean
après-vente: service après-vente *m.* after-sales service

argent *m.* silver
argile *f.* clay
armoire *f.* wardrobe
arrêter to arrest; to stop
arrondi rounded
arrosé watered
ascenseur *m.* elevator
asseoir to seat
assez enough, sufficient
assiette *f.* plate
assoiffé thirsty
astre *m.* star
atelier *m.* workshop
atteindre to reach
attendre to wait (for)
attente *f.* expectation
attentionné attentive
atterrissage *m.* landing
attirer to attract
attrait *m.* attraction
attraper to catch
aube *f.* dawn
auberge *f.* inn; **auberge de jeunesse** youth hostel
au-dessus above
auditeur (*f.* **auditrice**) listener
augmentation *f.* increase
auparavant before, formerly
aussitôt que as soon as
autant as much
auteur *m.* author
autrui others, other people
avenir *m.* future
avion *m.* airplane
avis *m.* opinion
aviser to advise
avouer to confess, acknowledge

VOCABULARY

bagage *m.* luggage; **bagage à main** carry-on luggage
bague *f.* ring
(se) baigner to bathe
baiser *m.* kiss
baisser to lower
baladeur *m.* portable cassette player/radio
bande *f.* band, strip; **bande sonore** sound track; **bande magnétique** magnetic tape
banque *f.* bank
banquier *m.* banker
baril *m.* barrel
barrière *f.* gate
bas (*f.* **basse**) low
se baser to base
bateau *m.* boat
bâtir to build
batterie (*f.*) **de cuisine** pots and pans
battre to beat
bénéfice *m.* benefit, gain, profit
besoin *m.* need; **avoir besoin de** to need
bêtise *f.* stupidity, foolishness
beurre *m.* butter
bienfait *m.* benefit
bienvenue *f.* welcome
bijou *m.* jewel
billet *m.* ticket
blanc (*f.* **blanche**) white
blanchir to whiten
blesser to wound
boire to drink
bois *m.* wood
boîte *f.* box, can
bol *m.* bowl
bon good; **bon marché** cheap
bon *m.* coupon
bonbon *m.* candy
bonheur *m.* happiness
bonhomme *m.* guy; **bonhomme de neige** snowman
bonté *f.* goodness
boucle *f.* buckle; **boucles d'oreilles** earrings
bouger to move
bouilli boiled
boule *f.* ball
boum *f.* party
bourse *f.* scholarship
bout *m.* end
bouteille *f.* bottle
bouton *m.* button; pimple
brancher to connect, plug in
brasier *m.* blaze
bricoleur *m.* handyman
briller to shine
brosse *f.* brush; **brosse à dents** toothbrush
brosser to brush
brûlé burned
bruyant noisy
buissonnière: faire l'école buissonnière to play hooky
bureau *m.* office
but *m.* aim, goal

cacahuète *f.* peanut
cadeau *m.* gift
cadre *m.* space, framework, setting; **cadre de vie** physical environment
caisse *f.* cash register
caissier *m.* cashier
calcul *m.* math, calculation
calculer to calculate, compute
calvitie *f.* baldness
campagne *f.* campaign; country
canapé *m.* sofa; **canapé-lit** sofa bed
capillaire (*concerning*) hair
caractère *m.* character, nature

carie *f.* cavity
cas *m.* case, instance
caserner to barrack (troops)
casque *m.* helmet
casser to break
ceinture *f.* belt; **ceinture de sécurité** seat belt
célèbre famous
centenaire *m.* one-hundredth anniversary; **cinquième centenaire** quincentennial
c'est-à-dire that is to say
chacun each one
chaleur *f.* heat, warmth
chaleureux (*f.* **chaleureuse**) warm
chambre *f.* bedroom, room
champignon *m.* mushroom
chanson *f.* song
chanteur *m.* singer
chapeau *m.* hat
se charger de to take upon oneself
chariot *m.* cart
chasse *f.* hunt
chasser to hunt
chasseur *m.* hunter
chaud hot
chauffer to heat
chaussure *f.* shoe
chef *m.* chief, cook, boss; **chef d'œuvre** masterpiece; **chef d'orchestre** orchestra conductor
chemise *f.* shirt
cher (*f.* **chère**) expensive, dear
chercher to look for
cheveu *m.* hair
cheville *f.* peg, pin
chiffre *m.* figure, number
chimie *f.* chemistry
chimique chemical

VOCABULARY / 83

chocolatier *m.* chocolate maker
chœur *m.* choir, chorus
choisir to choose
choix *m.* choice
chômage *m.* unemployment
chose *f.* thing; **quelque chose** something
chute *f.* fall; **chute des cheveux** hair loss
ciel *m.* sky
citadin urban
citoyen *m.* citizen
clef *f.* key
climatiseur *m.* air conditioner
clouer to nail
cœur *m.* heart
coffre *m.* chest
coiffer to style hair
coiffeur *m.* hairdresser
colis *m.* package, parcel
collier *m.* necklace
comédien (*f.* **comédienne**) actor, comedian
commander to order
comme like, as
commencer to start
commerçant *m.* merchant, shopkeeper
commettre to commit; **commis** committed
commune *f.* town
comportement *m.* behavior
se comporter to behave
comptabilité *f.* accountancy
comptable *m.* accountant
compte *m.* calculation; **se rendre compte de** to realize
compter to count; to expect
concentrer to focus
conclure to conclude
concombre *m.* cucumber
concours *m.* contest
concurrent *m.* contestant

conduire to conduct, lead, drive; **se conduire** to behave
confiance *f.* confidence
confier to trust
confiserie *f.* confectionary, sweets
congé *m.* day/time off
congelé frozen
connaissance *f.* knowledge; **faire la connaissance de** to meet
connaître to know
conseil *m.* advice
conseiller *m.* counselor
conseiller to counsel, advise
conservateur *m.* curator
consommer to consume, use
constamment constantly
construire to build
contenir to contain
contenu *m.* content
contraint constrained
contrainte *f.* constraint
contre against, in exchange for; **par contre** on the other hand
contre-plaqué *m.* plywood
convenable suitable
convenir to suit, be suitable
coquillage *m.* shellfish
coquille *f.* shell
corps *m.* body; (army) corps
correspondant *m.* pen pal
corriger to correct
côté *m.* side
couchage *m.* bedding
couche *f.* diaper; bed
couette *f.* down comforter
couloir *m.* corridor
coup *m.* blow, jolt; **coup de foudre** love at first sight; **coup d'œil** glance
coupable guilty
couper to cut

courant *m.* current; **courant d'air** draft
courir to run; **courir un danger** to be in danger
courrier *m.* mail
cours *m.* course; **cours du change** exchange rate
course *f.* errand; **faire des courses** to go shopping
court short; **court-circuit** *m.* short circuit
coût *m.* cost
couteau *m.* knife
coûter to cost
coûteux (*f.* **coûteuse**) costly
coutume *f.* custom
couvert *m.* place setting; **mettre le couvert** to set the table
couverture *f.* blanket
couvre-feu *m.* curfew
couvrir to cover
crèche *f.* day-care center
créer to create
creux (*f.* **creuse**) hollow
cri *m.* cry, scream
crise *f.* crisis; **crise de nerfs** attack of nerves
croire to believe
croiser to cross
cru raw
cuiller *f.* spoon
cuillerée *f.* spoonful
cuire to cook
cuisine *f.* cooking
cuisiner to cook
cuisinier *m.* (*f.***cuisinière**) cook
culture *f.* cultivation
C.V. (**curriculum vitæ**) *m.* résumé

débarquement *m.* landing
(**se**) **débarrasser** (**de**) to get rid of

VOCABULARY

début *m.* beginning
débuter to begin
déchiffrer to decipher
déchirer to tear
déclin *m.* decline, fall
décollage *m.* takeoff
découpe *f.* cutout;
   découpé cutout
découverte *f.* discovery
découvrir to discover
décrire to describe
décrocher to unhook
défendre to forbid
défier to defy, challenge
défilé *m.* parade
défraîchi faded; soiled
déguisement *m.* disguise
dégustation *f.* tasting
déguster to taste, sample
dehors outside
déhoussable with removable slipcovers
déjeuner *m.* lunch
démanger to itch
déménagement *m.* moving
déménager to move
démontrer to demonstrate
dent *f.* tooth
dentaire dental
dentifrice *m.* toothpaste
dépense *f.* expense
dépeuplé depopulated
déplacement *m.* traveling
se déplacer to move, relocate
déposer to put down
depuis since, for, from;
   depuis lors since that time
dernier (*f.* **dernière**) last
dérouler to unroll, unfold
dès from, since
désormais from now on
dessous below; **ci-dessous** below this

destinataire *m. or f.* addressee
détaillé detailed
détente *f.* relaxation
détruire to destroy
devenir to become
devoir to have to, must
diamant *m.* diamond
diapositive *f.* slide (*photo*)
digne worthy
diminuer to diminish, decrease
directrice *f.* manager
dirigé directed
diriger to direct
discours *m.* speech
disparaître to disappear
disparition *f.* disappearance
disperser to scatter
disponible available
disputer to argue, dispute
disque *m.* record
distraire to amuse, distract
distrait distracted
divertissant amusing
divertissement *m.* diversion
doigt *m.* finger
dommage *m.* damage
don *m.* donation
donateur *m.* giver
donc well; therefore
donner to give; **donner sur** to face
dormir to sleep
dortoir *m.* dormitory
douane *f.* custom
douanier *m.* customs officer
douceur *f.* gentleness
doué gifted, endowed with
douleur *f.* pain, suffering, ache
drapeau *m.* flag
droit *m.* right
droite *f.* right side
durée *f.* duration
durer to last

écaille *f.* shell (*of tortoise*)
échapper to escape
éclair *m.* flash of lightning
éclaircie *f.* clearing up of the weather
éclairer to light, illuminate; **s'éclairer** to become lit
éclater to break out; to burst
écolier *m.* student
s'écouler to slip away; to pass; to elapse
écran *m.* screen
écrivain *m.* writer
éditeur *m.* (*f.* **éditrice**) publisher
éduquer to bring up
efficace efficient
efficacité *f.* effectiveness
s'efforcer (de) to strive
effrayant terrifying
également also
église *f.* church
égoutter to drain, drip
émail *m.* enamel
emballage *m.* wrapping
emballer to wrap up
embrassement *m.* hug
embrasser to embrace; to kiss
émission *f.* broadcast
emmener to take away, lead away
émouvoir to move (*emotionally*)
empêcher to prevent
emploi *m.* use, function, job
employer to use
emporter to carry away
empressé eager
emprunter to borrow
endormir to put to sleep
endroit *m.* place
enfance *f.* childhood
enfant *m. or f.* child
enfantin childish

enfermer to lock (*somebody*) up
enfoncé sunken, deep; deep-set
s'enfuir to run away, flee
engagement *m.* engagement, commitment, involvement
enlever to take away
s'enliser to sink (*in quicksand*)
ennuyer to bore
ennuyeux (*f.* **ennuyeuse**) boring, annoying
enquête *f.* inquiry; survey
enregistrer to record
enseigner to teach
ensemble together
ensoleillé sunny
entendre to hear
entourer to surround
entre between
entreposage *m.* warehousing
entretenir to maintain
entretien *m.* maintenance
envers toward
envie *f.* desire, wish; **avoir envie de** to wish; to feel like
environ about
environs *m. pl.* surroundings
envoyer to send
épaisseur *f.* thickness
épars sparse
épatant wonderful
épicerie *f.* grocery store
époque *f.* period
époux (*f.* **épouse**) spouse
épreuve *f.* proof, test
équipe *f.* team
érable *m.* maple
escale *f.* stopover
escalier *m.* staircase
espace *m.* space
espèce *f.* species
espérer to hope

espoir *m.* hope
essayer to try
essence *f.* gasoline; **faire le plein d'essence** to refuel
estomac *m.* stomach
établir to establish
étage *m.* floor
état *m.* state, condition
éteindre to put out (*fire, light*), switch off, extinguish
étendre to stretch out; **s'étendre** to stretch oneself out
étoile *f.* star
étonner to astonish
étrange strange
étranger (*f.* **étrangère**) foreign; **à l'étranger** abroad
étranger *m.* (*f.* **étrangère**) foreigner, stranger
étude *f.* study
éveiller to awake
événement *m.* event
éviter to avoid
exiger to require, demand
expédier to send
expérience *f.* experience; experiment
explication *f.* explanation
exposition *f.* exhibit

fabricant *m.* manufacturer
fabriquer to manufacture
facile easy
faciliter to facilitate, ease
façon *f.* manner, style
facteur *m.* mailman
facture *f.* bill
faible weak, feeble
faire to do
faisceau *m.* beam (*of light*)
fatigué tired

faussement wrongly
faute *f.* mistake, fault
fauve *m.* wild animal
félicitations *f. pl.* congratulations
féliciter to congratulate
félin *m.* feline
femme *f.* woman, wife
fer *m.* iron; **fer à friser** curling iron
ferme firm
fermeture *f.* closing
fête *f.* celebration
fêter to celebrate
feu *m.* fire; **feux d'artifice** fireworks; **feu rouge** red light; **feu de signalisation** traffic light
feuilleton *m.* T.V. series
fiançailles *f. pl.* engagement
fier (*f.* **fière**) proud
fil *m.* thread
file *f.* line
fleur *f.* flower
fleurir to flourish
flocon *m.* flake
flotter to float
foncé dark
fonctionnement *m.* operation, working
fond *m.* bottom, back; **à fond** thoroughly
fonds *m. pl.* funds
force *f.* strength
formation *f.* training
forme *f.* shape; **en forme** in shape
fort strong; high (*fever*)
fou (*f.* **folle**) crazy
foudre *f.* lightning; **le coup de foudre** love at first sight
foule *f.* crowd
fourchette *f.* fork
fourmi *f.* ant

fournir to supply
fourrure *f.* fur
foyer *m.* home; **femme au foyer** *f.* housewife
fracasser to shatter
frais *m. pl.* expenses
frais (*f.* **fraîche**) fresh
fraise *f.* strawberry
francophone French-speaking
frapper to hit
frénétique frantic, frenzied
fromage *m.* cheese
fumée *f.* smoke
fumer to smoke
fusée *f.* rocket

gagner to win; **gagner sa vie** to earn one's living
gagnante *f.* winner
garde-meuble *m.* furniture warehouse
garder to keep; to watch
garderie *f.* day nursery
gardiennage *m.* guarding; caretaking (*of building*)
gaspiller to waste
gâteau *m.* cake
gêner to bother, disturb, annoy
genre *m.* kind, sort, style
gens *m. pl.* people
geste *m.* gesture
gestion *f.* management
gibier *m.* game, fowl
glace *f.* ice cream
glacière *f.* freezer
glisser to slide
gourmand food-loving
gourmandise *f.* love of food
goûter to taste
grâce à thanks to
gras (*f.* **grasse**) greasy, fatty
grandir to grow
gratuit free

grève *f.* strike
gros fat, big
grossir to gain weight
guérir to cure
guérison *f.* cure
guerre *f.* war
guerrier *m.* warrior

habiller to dress; **s'habiller** to dress oneself, get dressed
habiter to live in
habitant *m.* inhabitant
habitude *f.* habit; **d'habitude** usually
haleine *f.* breath
hâte *f.* haste
haut high; **de haut en bas** from top to bottom; **à haute voix** aloud
heure *f.* hour; **heure de pointe** rush hour
heureux (*f.* **heureuse**) happy
homard *m.* lobster
hoquet *m.* hiccup
horaire *m.* schedule
hors out of
hospitalier hospitable
huile *f.* oil
humeur *f.* temperament, mood

île *f.* island
illuminé illuminated
îlot *m.* small island
immatriculation *f.* registration
immeuble *m.* (office *or* apartment) building
imprimer to print
imprimeur *m.* printer
incendie *m.* fire
incitatif motivating
inconnu unknown
inconvénient *m.* disadvantage

incroyable incredible
inégalé unequaled
infirmière *f.* nurse
informatique *f.* computer science
ingénieur *m.* engineer
inquiétant disquieting, alarming
inquiétude *f.* anxiety
inscription *f.* registration
(s')inscrire to register
instituteur *m.* (*f.* **institutrice**) elementary-school teacher
insu: à l'insu de without the knowledge of
interdire to forbid
interdit forbidden
interrompre to interrupt
intimider to intimidate
invité *m.* guest
issue *f.* exit

jadis formerly
jambe *f.* leg
jeter to throw
jeu *m.* game
jeune *m. or f.* young person
jeunesse *f.* youth
jouer to play
jouet *m.* toy
journal *m.* (*pl.* **journaux**) newspaper; diary
jus *m.* juice
jusqu'à until

klaxonner to honk

lâcher to let go
laisser to leave (behind); to let, allow
laitue *f.* lettuce
lame *f.* blade

VOCABULARY / 87

lampe *f.* lamp; **lampe de poche** flashlight
lancer to throw, launch
langouste *f.* crayfish
langue *f.* language; tongue
laque *f.* hair spray
latte *f.* slat
lavage *m.* washing
lave-linge *m.* washing machine
laver to wash
lèche-vitrine *m.* window-shopping
lecture *f.* reading
léger (*f.* **légère**) light
légume *m.* vegetable
lentement slowly
lèvre *f.* lip
libre free
lieu *m.* place; **avoir lieu** to take place
ligne *f.* line; **ligne aérienne** *f.* airline
linge *m.* laundry
lisse smooth, polished
lit *m.* bed
livraison *f.* delivery
livrer to deliver
logement *m.* lodging, dwelling
loin far
lointain far away
lorsque when
louer to rent
lourd heavy
lumière *f.* light
lune *f.* moon
lunettes *f. pl.* glasses
lutte *f.* fight
luxe *m.* luxury

magasin *m.* store
magnétoscope *m.* videocassette recorder

maigrir to lose weight
maillot (*m.*) **de bain** bathing suit
maintenir to maintain
maire *m.* mayor
maître *m.* master
maîtrise *f.* master's degree
majestueux (*f.* **majestueuse**) majestic
majeur of age
mal *m.* (*pl.* **maux**) evil, ill, wrong, harm, hurt, pain
malade sick; *m. or f.* sick person
maladie *f.* disease
maladroit clumsy
malgré in spite of
malheur *m.* misfortune
malheureux (*f.* **malheureuse**) unhappy
maltraiter to mistreat
manche *f.* sleeve
manier to handle
manière *f.* manner, way, fashion
manque *m.* lack
manquer (**de**) to lack; to miss
manteau *m.* coat
maquillage *m.* makeup
marchand *m.* merchant
marché *m.* market; **bon marché** inexpensive
marécage *m.* swamp
marée *f.* tide
mari *m.* husband
se marier to get married
marin *m.* sailor
marocain Moroccan
marque *f.* brand
matelas *m.* mattress
matière *f.* material
mauvais bad
mécontent unhappy
médecin *m.* physician

médicament *m.* medicine, drug
se méfier de to mistrust, distrust, be suspicious of
meilleur better, best
mélange *m.* mixture
mélanger to mix
mêler to mix
même same
mémoire *m.* term paper; *f.* memory
ménager household
mener to lead
menthe *f.* mint
mépris *m.* contempt
mer *f.* sea
mériter to deserve
mesurer to measure
métro *m.* subway
mettre to put; to put on; **mettre au point** to perfect
meuble *m.* piece of furniture
meurtre *m.* murder
miel *m.* honey
mieux better, best; **faire de son mieux** to do one's best
milieu *m.* environment; surroundings
millénaire *m.* millennium, 1,000 years
mince thin
minceur *f.* slenderness, slimness
miroir *m.* mirror
mode *f.* fashion
modeler to mold
moins less
moitié *f.* half
monde *m.* world
montagne *f.* mountain
monter to go up; **monter à cheval** to go horseback riding

montrer to show
moquer to ridicule, make fun of; **se moquer de** to mock, laugh at, make fun of
mort dead
mot *m.* word; **mot écrit** written word
moustique *m.* mosquito
moyen (*f.* **moyenne**) average
moyen *m.* means
muet (*f.* **muette**) mute
munir to supply
mur *m.* wall
myope nearsighted

nager to swim
nageur *m.* swimmer
naissance *f.* birth
naître (*p.p.* **né**) to be born
nappe *f.* tablecloth
natal native
naviguer to sail
négliger to neglect
ne . . . guère hardly
neiger to snow
nerf *m.* nerve
net (*f.* **nette**) clean, sharp
nettoyage *m.* cleaning
nettoyer to clean
neuf (*f.* **neuve**) new
neveu *m.* nephew
nez *m.* nose
niveau *m.* level
noces *f. pl.* wedding
nocif (*f.* **nocive**) harmful
nombreux (*f.* **nombreuse**) numerous
notamment notably, particularly
note *f.* mark, grade
nourrir to feed
nourrissant nourishing
nourriture *f.* food

nouveau (*f.* **nouvelle**) new; **de nouveau** again
nouveauté *f.* novelty, innovation
nouvelle *f.* (*piece of*) news
se noyer to drown oneself
nuageux cloudy
nuisible harmful
nuit *f.* night
numéro *m.* number, issue (*of magazine*)

obscur obscure, dark
obscurci obscured, dimmed, darkened
obtenir to obtain
occasion *f.* opportunity, bargain
occidental western
occupé busy
s'occuper de to take care of
œil *m.* (*pl.* **yeux**) eye; **clin d'œil** *m.* blink of an eye
œuf *m.* egg
œuvre *f.* work
offre *f.* offer; **offre promotionnelle** special offer
offrir to offer
oncle *m.* uncle
opter to choose
or *m.* gold
orage *m.* thunderstorm
orageux (*f.* **orageuse**) stormy
ordinateur *m.* computer
ordonnance *f.* prescription
oreille *f.* ear
orthographe *f.* spelling
ôter to remove, take off
oublier to forget
ouest *m.* west
ouragan *m.* hurricane
outil *m.* tool
outre beyond; in addition to

ouverture *f.* opening
ouvrier *m.* (*f.* **ouvrière**) worker

pain *m.* bread
pamplemousse *m.* grapefruit
pape *m.* pope
papier *m.* paper
paquet *m.* package
paraître to seem
parcelle *f.* particle
parfait perfect
parfois sometimes, occasionally
parfum *m.* perfume; flavor
parmi among
partager to share
partie *f.* part
partir to leave, go away; **à partir de** from
pas *m.* step, pace
passer to pass; to take (*an exam*); to spend (*time*); **se passer** to happen, take place; **se passer de** to do without
passionné *m.* enthusiast
pâte *f.* paste
patin *m.* skate; **patin à glace** ice skate
patiner to skate
patinoire *f.* ice-skating rink
pâtisserie *f.* pastry
patron *m.* (*f.* **patronne**) boss
pâturage *m.* pasture
pauvreté *f.* poverty
pavillon *m.* pavilion, wing
pays *m.* country
paysage *m.* landscape
peau *f.* skin
pêche *f.* peach; fishing
pédiatre *m. or f.* pediatrician
peindre to paint
peine *f.* grief

VOCABULARY / 89

pelle *f.* shovel
pellicule *f.* film; dandruff
se pencher to bend
pendant during
pensée *f.* thought
penseur *m.* thinker
perdre to lose
perfectionnement *m.* improvement
périr to perish
permettre to allow
permis *m.* license
personnage *m.* character (*of a play*)
pesanteur *f.* weight
peser to weigh
pétrole *m.* petroleum, oil
philanthrope *m.* or *f.* philanthropist
pièce *f.* room; play (*theater*)
pied *m.* foot
pierre *f.* stone; **pierre précieuse** gem
piéton *m.* pedestrian
pilule *f.* pill
pinceau *m.* paintbrush
piquer to sting
piqûre *f.* sting
pire worse
plafond *m.* ceiling
plage *f.* beach
plainte *f.* complaint
plaisanterie *f.* joke
plein full; **plein de** full of
pleurer to cry
pleuvoir to rain
plié folded
se plier to yield, adapt
plongée *f.* dive; **plongée sous-marine** skin diving
plupart *f.* most, most part
poche *f.* pocket
poids *m.* weight
poignet *m.* wrist
poisson *m.* fish

poli polite
pompier *m.* fire fighter
portant bearing; **être bien portant** to be in good health
portée *f.* reach
portefeuille *m.* wallet
porter to carry, wear; **porter préjudice** to harm
porteur *m.* carrier
poste *m.* post, station
pot *m.* jar, pot
pouce *m.* thumb
poudre *f.* powder
poulet *m.* chicken
poursuivre to continue
poussée *f.* thrust, push
pousser to push
pouvoir to be able to
pratiquer to practice
précipiter to hasten
prédire to predict
préjudice *m.* wrong
préjugé *m.* prejudice
premier (*f.* **première**) first
presque nearly
presse *f.* press; **presse à imprimer** printing press
pressé squeezed
prétention *f.* claim; salary requirement
prêtre *m.* priest
prévision *f.* forecast
prier to request
prière *f.* prayer
prime *f.* bonus; **prime de rendement** productivity bonus
printanier (*f.* **printanière**) spring
prise *f.* capture
prix *m.* price; prize
procédé *m.* process
proche near
profiter to take advantage

progrès *m.* progress
proie *f.* prey, victim
promenade *f.* walk
propre clean; own
propreté *f.* cleanliness, neatness
propriétaire *m.* or *f.* owner
propriété *f.* property
prouver to prove
provenir to originate
provisoire temporary
publicitaire advertising
publier to publish
puissance *f.* power, force
pull *m.* sweater

quelque part somewhere
quel que soit whatever
quête *f.* quest
quincaillerie *f.* hardware
quitter to leave
quotidien (*f.* **quotidienne**) daily

rabais *m.* discount
raccourci *m.* shortcut
raconter to tell
radieux (*f.* **radieuse**) radiant
rajeunissement *m.* rejuvenation
rallumer to relight
ramasser to pick up
ramener to bring back
rancœur *f.* bitterness, rancor
randonnée *f.* hike
ranimer to revive
se rappeler to remember
rapport *m.* report; relationship
(se) rapprocher to draw nearer
rater to fail
ravi delighted

ravissant delightful
rayon *m.* department; shelf
rayure *f.* stripe; **à rayures** striped
réalisable feasible
se réaliser to fulfill oneself
récepteur *m.* receiver
recette *f.* recipe
recevoir (*p.p.* **reçu**) to receive
recherche *f.* research
récompense *f.* reward
recomposer to redial
reconduire to drive (*someone*) back
reconnaissant grateful
reconnaître to recognize
recouvrir to cover
reçu *m.* receipt
recueillir to collect
recyclage *m.* recycling
rédacteur *m.* editor
réduire to reduce
réduit reduced
réfléchissant reflecting
refroidir to cool down
regard *m.* look
régime *m.* diet, system
règle *f.* rule, ruler
règlement *m.* regulation
réglementer to regulate
régler to adjust, regulate
rehausser to enhance
rejeter to reject
réjouir to rejoice, gladden
relever to raise
relié joined
remarquer to notice
rembourser to reimburse
remise *f.* discount
remords *m.* remorse
remplaçant *m.* substitute
remplacer to replace
remplir to fill; to fill out
remuer to move

renaître to be born again
rendre to return; **se rendre compte de** to realize
renoncer to renounce, give up
renouveler to renew
renseignements *m. pl.* information
renseigner to inform
répandre to spread
repas *m.* meal
(se) reposer to rest
repousser to grow again; to reject
reproduire to reproduce
répugnant repulsive
résoudre (*p.p.* **résolu**) to solve
resplendissant shining
ressembler to look like
ressentir to feel
ressort *m.* spring
reste *m.* remains
retourner to go back; **se retourner** to turn around
(se) retrouver to meet again
(se) réunir to reunite
réussir to succeed
revanche *f.* revenge; **en revanche** by contrast
réveil *m.* alarm clock
(se) réveiller to wake up
révélateur revealing
révéler to reveal
revenir to come back
rêver to dream
réviser to revise
revue *f.* magazine
rire to laugh
roche *f.* rock
rocheux (*f.* **rocheuse**) rocky
roue *f.* wheel
rougir to redden
rouler to roll
route *f.* road
rubrique *f.* column

sable *m.* sand; **sables mouvants** quicksand
sacerdotal (*pl.* **sacerdotaux**) clerical
sachet *m.* small packet
sain healthy
saison *f.* season
salaire *m.* salary
salé salted
salive *f.* saliva
salle *f.* room; **salle de bains** bathroom
saluer to greet
sans without; **sans cesse** incessantly
santé *f.* health
satisfaire to satisfy
sauf except
sauvegarder to protect, safeguard
sauvetage *m.* rescue
saveur *f.* taste
savoir to know
savoureux (*f.* **savoureuse**) tasty
scolaire school; scholastic
seau *m.* pail
sec (*f.* **sèche**) dry
séchoir *m.* dryer
secours *m.* help, assistance
sécurité *f.* safety
séduire to seduce
seigneur *m.* lord
selon according to
semblable similar
sembler to seem
sensibiliser to sensitize
sensible sensitive
sentir to feel, smell; **se sentir** to feel
servir (**à**) to serve (for, as); to be of use, be useful or good (for, as); **se servir de** to use
seulement only